GENTOSHA
OUTLAW
BUNKO

競馬どんぶり

浅田次郎

幻冬舎アウトロー文庫

競馬どんぶり

プロローグ

若者向けの競馬月刊誌「おもしろ競馬塾」から、連載インタビューの依頼を受けたのは三年ほど前のことであった。

ダイシンボルガードが快勝した昭和四十四年の日本ダービーから始まって、爾来《じらい》三十年間、うまずたゆまず馬券を買い続けてきた私は、若いファンに言ってやりたいことが山ほどもある。

競馬は趣味と言いきるにはあまりに面白く、あまりに罪深いからである。三十年の間、私は競馬のためにあたら一度しかない人生を棒に振った人間を、数えきれぬほど見てきた。むろん、数は少ないが競馬のためにあたら一度きりの人生を、優雅かつ豊かに過ごしてきた人も。

だから、いわゆる「指南本」ではなく、「競馬とは何か」を後進に説諭する機会は、いずれ必要であろうと考えていたのである。しかし、当時の私は仕事が手一杯で、本業の小説でさえ「除外ラッシュ」の真っ最中であった。

そのあたりのいかんともしがたい事情を説明すると、賢明な編集者はある条件を提示してきた。

執筆が不可能ならば、連載インタヴューという形ではどうか。

インタヴューは月に一度、競馬場の帰りに一時間、ということでどうか。

これならば何とか可能である。しかも「月に一度、競馬場の帰り」という企画は面白い。最終レースの後のハイテンションのまま、さぞかし生々しいインタヴューが期待できるであろう。

かくて、出走除外の続く大手出版社の担当編集者たちがみないっせいに「なぜだっ！」と叫んで腰を浮かした、「語りおろし競馬エッセイ」の連載は始まった。

私にとってこのインタヴューは、月に一度の「第13レース」であった。

三十年間うまずたゆまず馬券を買い続けてきたファンというものは、そうはいない。

競馬好きを自称する人々のほとんどは、みな三十年間のほんの一瞬、私の前を通り過ぎていっただけである。

なぜ彼らは競馬という稀有《けう》な遊びを、続けることができなかったのであろう。

それはむろん、金が続かなかったからである。負けがこんで馬鹿らしくなったか、あるいは負けすぎて破滅したか。

いずれにせよ彼らは、競馬という人生最大のゲームを失った。競馬の面白さを知悉《ちしつ》している私からすれば、これは不幸である。

ではなぜ、競馬で勝つことができぬのか。面白さにかまけて努力ができないことが理由のひとつ。そしてもうひとつは、そもそも競馬というものの正体を知らないからである。

私がこの連載エッセイでとにもかくにも力説したことは、予想方法という「ソフト」ではない。競馬とは何か、馬券とはいかなるものかという、「ハード」である。

一生懸命に努力をしているのに、なぜか負けるという人には、必ずこの「ハード」が欠けている。どんなに高価なソフトを持っていても、装置がお粗末では使いものにならないのである。しかもそのことに少しも気付かず、競馬は負けるものだと思いこんで、人々はスタンドから去って行く。


私は、三十年の馬券トータルが勝ち越しているとはいわない。いやたぶん、負けている。だが、人生を狂わせることなく馬券を買い続けてきた。むしろその間、競馬を通して学んできたことは計り知れず、馬券は常に私の人生の背骨《バック・ボーン》であったと言ってもよい。若い人はすべからくこういう競馬の楽しみ方をめざすべきである。

身を滅ぼす娯楽などあってはならない。人生を踏みたがえる快楽も、あってはならない。それでも面白いというのは錯覚か負け惜しみである。

私は本書に語られている通りに馬券を買い続け、競馬とともに生きてきた。書かれていることを体得すれば、おそらく誰にも、私と同じ競馬人生は約束されるであろう。

ダイシンボルガードの勝ったダービーを、一般席の雑踏の中で見た私は、年を追うごと確実に、その観戦のステージを上げていった。むろんその位置と同様に、人生におけるステージも、である。競馬があったればこそ、そういう人生を実現することができたのだと思う。

一般席から指定席へ。そしてゴンドラへ。ついには日本を離れ、世界の競馬場へ。

凱旋門賞のパドックの中で、あの世界最高のホースマン、シェイク・モハメド殿下と握手をかわしたとき、彼は東洋からはるばるやってきたちっぽけな馬券師に向かって、こう言ってくれた。

「ナイス・トゥ・ミート・ユー・ミスター・アサダ！」

私の耳はその言葉を、こんなふうに翻訳した。

「三十年もかかって、よくぞここまでやってきたな！」と。

この本の読者の誰もに、同じ未来が待っていることを私は信じている。

一九九八年十一月七日

ケンタッキー州チャーチルダウンズにて

浅田　次郎

目次

第二章　浅田流　馬券師の心得

競馬とは

競馬を始めて今年でかれこれ三十年になります。

今では身も心もすっかり小説家になってしまい、競馬はストレス解消の一手段になってしまいましたが、これでも昔はずいぶんと馬券プロでならしたものでございました。本職は小説家でも、競馬からは恐らく一生離れられないと思う今日この頃であります。

いやあ、本当は私も競馬をやって暮らしたいですよ。最近は原稿に追いまくられて、時間がままならない。それでも、競馬だけはなぜか義務感があるんですよ。長い間、ホントに休んでない。その出席率に関しては自慢できます。

三十年と言葉で言うのは簡単ですが、これは並大抵のことではありません。生まれたばかりの赤ん坊がスクスクと育ち学校を卒業し恋愛を経験し結婚して親父になるまで、私は毎週毎週せっせと競馬場に足を運んでいたのですからね。

その間三十年もあれば、人生ってのはだいたい誰でも浮き沈みがあるわけでしょう？　もうとてもじゃないけど競馬はできないような借金まみれの時だって、誰にもあるんですよ。

そりゃ三十年もありゃ逆にハネてる時だって、誰にもあるでしょう。

それでも、人生の浮沈にかかわらず、毎週確実に競馬場に通うってことに関しては、私は勝ち負けに関係なく自慢できます。

翻《ひるがえ》って言えば、それだけつづいているってことは、やっぱり私は、競馬が上手《うま》いんじゃないかと思うんですよ。普通だったらやめてるでしょう、馬鹿らしくなって。

競馬場に長い間ずっと来てるヤツはいます。十年間ずっと見かけてるヤツも確かにいます。そういう方たちは、きっとみんな馬券が上手いと思う。

多いパターンっていうのはマジメなサラリーマン風のオヤジです。派手に見えるヤツはダメですよ。必ずいなくなる。大騒ぎして子分を引き連れて来るようなヤツは、まずいなくなります。見てて上手いヤツっていうのは、常にパドックでも同じ場所に立っていて、日曜日でもネクタイ締めなきゃイヤだっていうようなお堅いサラリーマン風のオヤジ。

つまり、それだけ競馬っていうのはマジメにコンスタントに努力しているヤツ、日常生活の中に入れちゃってるヤツ、これがやっぱり名人になる資格があるということなのです。

競馬に勝ち抜くコツは、まず自分のペースを大事にすることでしょう。一時的に金が入ったからといって自分を見失っちゃいけない。

そりゃ私だってハネた時期ってのはありました。毎週百万円打てる時もありました。ありましたけれども、じゃあその時に百万打ったかっていえば、私は打たなかった。それを打ってたら、その百万のために、競馬ができなくなった時にやめるしかないんですから。百万で競馬ができなくなりましたから、来週から十万で競馬に行きますって、馬鹿らしくって行けるものではないのです。やっぱりそりゃ違う。

本当に競馬が好きならば、一生競馬をやり続けようと思うならば、はっきり自分の分をわきまえなければいけないと思うのであります。

特に若い学生さんたち、学生時代は本当は馬券は買っちゃいけないんですけれども、例えば学生時代に一万円持って行って競馬をやっていた人が、大学を卒業して就職すれば三万や五万は持ってこれるかもしれませんが、その時はよく考えていただきたい。

競馬をもっとやりたいんだったら、自分にふさわしい金額を自分で決めることです。学生時代とまったく同じとは言いませんが、自分で決めた金額で、いつも同じスタンスを守ってやってもらいたい。これが競馬を長く続けるコツですな。

とにかく競馬は長くやって初めて面白い。

五年や六年のキャリアで競馬が面白いとは、私は言わせない。十年でも言わせない。長くやればやるほど競馬っていうのは面白い。だってそのくらいの長い目で考えてやるんじゃなければ、他に面白い遊びなんて実はいくらでもあるんです。ねえ、ちょっと考えただけでもいっぱいあるでしょう。

悔しかったら三十年やってみなさいって言いたいですね。

私は若い競馬ファンの皆さんに長く残ってほしいからこそ言っているのです。

競馬はハマったらきりがない。まあ、ひとつの人生の道場でもある、と言ってもいいかもしれません。

実はあそこで意志力を試されてるんですよ。

人生の過ちを犯さぬようにという学習の舞台でもあるのです。

第一章
我が三十年の競馬人生

其の一………初めての競馬体験………

初めての競馬体験がダービーという方は多いことでしょう。私も初めて競馬場に行ったのは昭和四十四年のダービーでありました。私の競馬歴はここから始まったんです。そう、一番人気のタカツバキが落馬……。

今では伝説となったその年のダービーは、一番人気のタカツバキが落馬した衝撃的なレースでありました。だから私の場合、初めての競馬場＝《イコール》初めての馬券、おまけに＝《イコール》初めての惨敗という悲惨な競馬デビューを飾ったわけです（笑）。

パチンコにしろその他のギャンブルにしろ、ビギナーズラックで儲かったせいで、ハマってしまう人は多いのですが、私の場合はあまりのショックでハマってしまったというのが正直なところであります。

そもそも競馬場に行くことになったきっかけと申しますと、高校のクラスメイトに競馬の好きなヤツが何人もおりまして、やれダービーはあれだとかこれだとか言って盛り上がっていたんですね。で、そいつらと一緒に競馬場に行きました。そういえば先輩なんかも混じってましたねえ。

私の通っていた高校は大学の付属だったので、だから非常に時間が余っていてね、宿題もないし、エスカレーターで大学に行けるという、つまりはあんまり勉強しない学校でありました。言い換えれば、いろんな事が出来る環境にあったんですね。

先生も学校でのしつけに関してはとても厳しかったけれども、そういう点にはあまりやかましく言わなかった。学校以外のことについては自由に何でもやりたまえ、そういう校風でしたよ。

だから同世代で競馬をやってるヤツもいっぱいいました。その頃新宿の裏町に高校生たちがたむろする喫茶店があってね、そこにいろんな学校のヤツが集まるんですよ。みんな同じようなヤツらで、そいつらも競馬をやっていた。アルバイトもしていたから、高校生としてはお金もけっこう持ってたしね。

競馬場に初めて行ったときの印象はというと、何しろダービーだったから、ものすごい人でしたね。

初めて競馬をやるのがダービーの日の競馬場というのも、ある意味ではかなり不幸な体験だと言えるかもしれない。一番最初にそういう凄《すご》い興奮、トラウマを植えつけられちゃうわけだから。

それにも増して、あの年のダービーというのは非常にドラマチックだった。戦国ダービーと言われ、何が勝ってもおかしくないと言われつつ、抽選馬のタカツバキが一番人気になって、それが落馬して、人気薄の伏兵ダイシンボルガードが勝つ。そういう意味でとってもドラマチックなダービーだったから、より一層ハマったんでしょうね。

馬券をいくら買ったのかはよく思い出せないんだけれども、何しろタカツバキを軸にしてヒモを何点か拾っていったように思います。カネハヤテ、ギャロップ、ミノル、ハクエイホウとかね。

だって初心者というのは、新聞に印のいっぱいついている馬から買えば、馬券というのは当たるんだろうと思うでしょう。

だから一番人気のタカツバキから流して買ったんですよ。なんと！　スタートしたとたんに消えました！……まいりましたねえ。

そのシーンは一般席の二階で、一番よく見えるところに陣取って、みんなで見ていました。あのショックな出来事がなかったら、私は競馬をやってないかもしれません。それほど象徴的だったね。

あの時は考えこんじゃったよ。アレ？　印がついてる馬が強いんじゃないのか、落っこっちゃうこともあんのかって。

これはミステリーだなって。

そう考えた時、燃えましたね。これは面白いって。

そうですね、タカツバキのダービーは確か高校二年生の時だったから、高校時代の競馬というと二シーズンしかやってないことになります。でも高校三年の時とか、そのあと一年浪人していたとき、その一年というのは完全な競馬づけでした。毎週欠かさずに競馬場に行ってましたね。

それもこれも、すべてはタカツバキの落馬が発端でありました――。

其の二…………自衛隊馬券師…………

私の人生において、自衛隊の入隊経験があるということは確かに一つの大きな特徴でありました。マスコミにもその経歴ばかりが注目された時期もありました。

では競馬歴でいえばどんな時代だったか、と申しますと、自衛隊の時は悲しいかな、必ず土日に外出できるってことはまずないんですよ。

それに、ラジオは聞けますがテレビを自由に見ることができなかった。

だからすごく不自由でした。

不自由だったけれども、私はそれなりに競馬新聞を入手し、馬券を購入しておりました。

つまり、自衛隊の中では当然のごとく競馬新聞なんて売っていませんから、外出したヤツに競馬新聞を買ってきてもらって検討して、それで別の外出するヤツに馬券を託す。

だから自衛隊にいた頃もそれほど競馬歴の上で途切れてはいないのであります。

自衛隊の頃の想い出というと、私は毎週毎週、競馬のノートをびっしりつけていたんですよ。

でね、当時、競馬四季報があったかどうか記憶は定かではありませんが、仮にあったとしても、なにせ四季報って値段の高い本だったから、私は使っていなかった。だから競馬四季報をせっせと自分で作っていたということなんですよ。

そう、まさに浅田流手作りの競馬四季報であります。

それは毎週の結果を見て、アイウエオ順にすべての馬の成績を記入していく作業。

ただし、その頃は現在と違って関西馬が関東まで遠征してくることはめったにありませんでしたから、関東の馬だけで、それに馬の数自体が少なかった。現在の頭数と比べたら三分の一か四分の一くらいでしょう。

だからやってできないことはない。しかも、自衛隊はヒマですから。

そういうわけで、いつも日曜日の晩と月曜日の晩は、新聞を見ながらノートに競馬四季報どおりのアイウエオ順のデータを作っていました。

ただ、ある時、その貴重なノートが所持品検査で没収されちまったんですよ。自衛隊では抜き打ちの私物検査っていうのがよくありましてね。これはいけない物だということで班長に没収されちゃって、その時は困りましたねえ。返してくれないんだよ、班長が。まあ、そういうものは生活を狂わせるということなんでしょうね。

さて、いつ返してもらえるのかと思って待っていると、何カ月も返してくれない。やっと返してもらったら、なんとノートに書き足してあったんだよ（笑）。班長がこっそりと自分で使ってたんだよね。班長っていうのは上官なんだけれども、そのくらいになると自由に毎週外出できますから、おそらくあのノートで検討して競馬をやってたんだと思うんだけどさ。びっしりと書きこんであるのには、腹が立ったというか、笑ったというか、ねえ。そういうエピソードもありました。

当時は競馬場に行く回数としてはやっぱり少なかったですね。少なかったけれども、ずいぶん当時の記録は残ってる。ゼンマツっていうのはいい馬だったなとかね。それから、昭和四十六年に自衛隊に入隊したわけだから、四十七年のロングエースのダービーとか、覚えてますよ。

タケホープのダービーの時は出てきた直後じゃないかな。ハイセイコーの年でしょう。その年は、ハイセイコーが勝った皐月賞の時までギリギリ自衛隊にいたんですよ。四月に除隊したから、皐月賞は自衛隊でやって、一ケ月後のダービーはシャバでやったという感じでしたね。

其の三……シャバに出てから……

そういう風に考えれば、シャバに出てきた時というのは、私にとって第二の競馬解禁なんですよね。自由に競馬をやっていい、と言われた時なんですから。

その時がハイセイコーの年というのは、何か象徴的という気もしますね。ハイセイコーは走っても走っても、負けても負けても、一番人気だった。どう考えてもタケホープの方が強かったと思うのですが、それでもいつもハイセイコーが一番人気。まあ庶民の夢をのせて走った馬でありました。

その第二の競馬解禁時。高校時代も自衛隊時代も、馬券の金額的にはそりゃ小さかったけれども、この時期、自衛隊を出たとたん突然爆発いたしました。レートがガクッと上がっちまいましたね。

自衛隊を出てからの四～五年というのは、ホントに競馬をやってる。

二十一～二十五歳くらいの頃でしょうか。とにかくマジメに競馬をやった。

私の場合、どうしてもアブナい商売の方にみんな目がいくんだけれども、実は二十四、五歳の時にはすでに自分の店を持っていたんです。でも店を持ったりつぶしたり、つぶしたり持ったりしていたから、その間の空間で、とぎれとぎれにアブナい商売にも手を出していた、ということなんですよ。

競馬を長くやってくれば、それぞれの時代にやっぱりいろんなことがあるものですよね。ごく普通の競馬ファンで、その人がサラリーマンで、同じ会社にずっと勤めている人だったら、言葉は悪いかも知れませんが、ずーっと平坦な馬券を買ってると思うんですよ。それが自分のサラリーに合わせた競馬っていうことだから。

本当はそれこそが競馬をいちばん楽しむコツであり、いちばん長持ちさせるコツでありま
す。

だから、長年東京競馬場の指定席に入ってるとよくわかるんだけれども、十年も二十年も顔を合わせている人は大概サラリーマンですよ。自由業的な生活をしているヤツっていうのはまずいなくなる。それはお金が続かなくなるからですよ。いかに自己管理が難しいかということでもありますよね。

その点私は頑張ってる方ではないでしょうか。

それというのも、自分の生活状態がどんなに変化しても、そのたびごとに、レベルに合わ

せてレートを替えてきたからでしょう。

そりゃ全然お金のない時は一万円と決めて、それこそ一万円を握りしめて、一万円だけで何年も競馬をやっていた時もありました。かといえば、毎回百万円と決めていた時もある。私の場合は、意外とそれが、一万円の次が百万円みたいな人生を歩んできましたから。

でもやっぱりそういう操作がきちんとできる人じゃないと競馬は長続きしません。分不相応な馬券を買うとその途端から競馬はできなくなるんです。

だからバブルの紳士たちというのは、当時競馬場に何百万円も持ってきていた人たちがいっぱいいたけれども、やっぱり最近は消えちゃって顔を見ない。消えちゃったっていうのは、たぶん今、その人は一万円では馬券を買ってないですよ。きっと競馬をやめちゃっていると思う。

大切なことは、競馬が本当に好きで面白いと思うんだったら、レートにかかわらず自分の持ち分に合わせて、きちんと楽しむことなんだよ。また、そうじゃなきゃ競馬には勝てない。自分の生活レベルから考えて、競馬に使う金額が少なすぎてという場合はいいかもしれないけれども、それが過分であればまず勝てません。

さらに申しますと、馬券に賭ける金額は、若い頃にドデカい馬券を当てると投入金額が増えちゃうということもありますが、これは性格的な面も多分にあって、金銭感覚のセコさ、荒さっていうのと深く関係があるわけです。だからいちばん最初からデカい金を入れても平気なヤツっているんだよ。逆に金は持っているのにセコいヤツというのも、これまたいる。それは見ていると面白いです。

もちろん、バクチの才能ってのはただのセコさだけではダメですけどね。セコさだけでもケガはするんです。

これは大切な一種のバク才なんだけれども、要はいかにしてセコい馬券を買いながらも、勝負に行く時に行けるか、それだけの度胸があるか、そのバランスでしょう。

デカく行くヤツはどっちにしろ長続きはしないんですけどね。

つまり人によって、一生かかって五千万の金を出してくれるか、瞬間的に出してくれるかという違いがあるということですよ。

その点でいえばユニットで百円から買えるようになったこと、馬連になったこと、PATが普及したこと、というのがJRAにとっては大きいんだよ。そういうシステムによって、一生かかって五千万の金を出す客が増えたってことだからね。

昔は百円という買い方ができなかったんですから。今でいえば一点千円しばりみたいなもんですよ、二十年前の馬券は。

それにしても、百円で十点二十点買ってもつまんねえだろうよ。

それともう一つ、そういうファンというのは他のバクチとダブってないだろう。きっとバクチが好きなんじゃなくて競馬が好きなんだろうな。競艇とか競輪をやったことある人だったら、そういう買い方は絶対にしないし、できないでしょうからね。

不思議なもんでさ、ギャンブル好きなヤツというのは競輪と競馬とか、競艇と競馬とか、二つのレースにはあまり手を出さない。そりゃやったことはあっても、両方にどっぷりハマってるっていうのはあまり見たことがない。

でも麻雀とは全部ダブる気がするよ。だから麻雀と〝何か〟っていう人は意外と多いんじゃないでしょうか。私も麻雀はよくやりました。

そういう私も競輪や競艇っていうのはほとんどやったことがない。

でもまあそれも、考えようによっちゃ、そう大負けさえしなければ始末はいいんだよ。勝手な私感ではありますが、バクチが本当に好きなヤツは女と酒がダブらないから。バクチが好きで女も大好きとか、バクチが本当に好きで酒も大酒飲み、というのはまずいない。これはバクチを本当にすき好んでやるんだったら、そういうものの入ってくる余地がないということだと思います。

だから競馬を長くやってるヤツを見るとよくわかります。色気ないもんなあ。女っ気なんて聞いたことないですよ。

普段は酒を飲んでも競馬場では絶対に飲まない、バクチは競馬と麻雀のみ、家に帰ってないにもかかわらず女のウワサも全く聞かない、それが典型的な競馬打ちですな（笑）。

自分のコンディション、馬券を買うコンディションというのは、いつも最上の形、安定した形にしておかなくてはならない。そのくらいナーバスになれば他のものの入る余地もなくなる。自分との戦いなんですから、競馬というのは。

其の四……ノミ屋もやった……

アブナい商売をやっていた頃、私はノミ屋の経営にも手を出したことがありました。

他人から頼まれてお金を預かったのに馬券を買わなかったとか、競馬を長くやっていると誰しも経験のあることだと思いますが、他人の馬券を呑むっていうのはやっぱりやめた方がいいですよ。

というのも、馬券を呑むっていうことはね、この馬は絶対に来ないって確信していても信じられなくなってしまう。頭の中のどこかにマイナスイメージがつきまとうのでしょう。

またそういうときに限って、不思議なほどにそれが来るから。

あの「ひょっとしたら」という予感がけっこう当たるんですよ。

それはね、やっぱり馬券師としては邪道。自分の予想のためにならない。

つまり言葉を言い換えれば、馬券を呑むということはハズレる馬券を当てるっていうことですから。だから邪道なんです。

だってそうでしょう。

みなさんご存知かも知れませんが、ノミ屋だって保険をかけてるんですよ。でっかい馬券が入ってくりゃ、よそのノミ屋に回したり、場外に走ったりするんだから。それぐらいおっかなびっくりやるものですよ、呑むってことは。

それで、こういう場合は保険なんだから、もしもその馬券が来なくてもソンしたとは思わないことです。そういう覚悟がなきゃ馬券は呑んじゃダメ。

頼まれ馬券は素直に買うべきですね。そりゃ頼まれないことがいちばんだけどさ。馬券は頼まず頼まれず、っていうのは私の鉄則でもあるのです。

どうしてかって言うと、そういうつまらんことで人間関係が壊れることが、過去に私の身の回りでもあったんですよ。

笑い事じゃなくて、これは実際によくあること。だから怖いんですよ。

私だってそりゃ他人に馬券を頼んだことはありますよ。

そしてそれが的中したとします。でも馬券を頼まれたそいつが、時間がなくて買えなかったってことが昔は大いにあったんだよ。

それだって本当に時間がなくて買えなかったのかどうかなんて、証明できないわけでしょう。

そういう疑いを少しでも持つと、その人間に対する接し方が変わってきてしまうんです。

これは競馬を離れた日常生活にまで影響を及ぼしますよ。だから安直に、他人に馬券を頼んではいけない。

他人の頼むくらいだったらノミ屋に入れた方がまだマシだと私は思います。

さて、ノミ屋は儲かります。

余談ですが、二十五パーセントのテラ銭というのがどれくらいデカいかっていうのは、自分がノミ屋をやってみるとよくわかります。

これはメチャメチャに儲かります。

ノミ屋っていうのはいろんなロイヤリティーをつけてくれますが、それだけ、そんなにロイヤリティーをつけてさえ、儲かるということなんですよ。

テラ銭二十五パーセントでも十分においしい。別に設備投資するわけじゃないんだから。

ホントに儲かりまっせ。

まあ、中にはつぶれるノミ屋もありますが、それはヘボと言うしかありません。

ノミ屋でつぶれるのは、何かがあった時に保険をかけることをしないとか、そういう経営の常識的なことをしないとか、あるいは客が少ないかどっちかでしょう。

客が少ないノミ屋は悲惨だよ。

例えば友だち同士で、ノミ屋は儲かるらしいからやってみようぜって言って、自分の友だちを五、六人集めてノミ屋をやるっていうのは怖いですよ。

ズドン！　と一発くれれば終わっちゃうから。これはわかるでしょう。

つまり客が多ければ多いほど危険が分散するんです。

私の経験では、均等に買う客が二十人いればもう大儲け。絶対に負けません。

その中の一人が突出していればダメだよ。一人突出しているヤツがいたら、それを補塡するだけの他の有象無象《うぞうむぞう》の人数が多くなければ儲かりません。

例えば、同じようなサラリーをもらってる同じようなサラリーマン層をつかまえたとすると、それがいちばん理想的。

一つの会社とか工場とか、そこのグループを全部つかんじゃうのがノミ屋のコツなんですよ。そうすると競馬のレベルも金銭的なレベルも似ていますから、みんなが同じような馬券の買い方をしてくる。買い目は違うけどレベルは同じくらいというのがいちばんいい。

これはおいしいです。ノミ屋は当然勝てますよね。

そうは言うものの、なかなか客が集まんないんだよ、ノミ屋っていうのは。

二十人集めるっていうのは、簡単なようで実はものすごく大変。頭で想像している以上に難しいんですよ。

しかも競馬っていうのはどんどんやめていくから、二十人がずっと続けてくれるわけじゃない。ノミ屋をやってみるとそういうこともよくわかるんだよね。

ああ、競馬というのは長く続けるのは難しいものなんだなって痛切に感じますよ。

競馬っていうのは、始めると誰でも熱にうなされるように夢中になるでしょう。ノートをつけてみたりデータをとってみたり、それでどんどん急造の知識を頭の中につめこんで、友だちに声高にしゃべり出すっていう楽しい時期が誰にでもある。

だけど、そういう風にあんまり急に始めたヤツっていうのはだいたいもたない。じっくり構えて真剣に考えるタイプのヤツの方が長く続けられるんですよ。

其の五…………想い出のレース、想い出の馬券…………

私がこれまでやった競馬の勝負で、いちばんドキドキして、いちばんよく覚えているのは昭和五十年、中山競馬場での京成杯でしょうか。

初めて十万円投入した馬券ですから今でも覚えてますよ。これは恐らく一生忘れられないでしょう。

あれは自衛隊を出てすぐくらいの頃だった。史上に名を残す名牝テスコガビーの単勝でしたね。で、テスコガビーの単勝を十万円。

配当は、確か百六十円ついたような気がする。それに十万円入れました。シビレたし、そりゃビビリましたよ。

勝つには勝ちましたが、その時の恐怖は忘れませんねえ。ああ、十万円を失うっていうのはこういう怖いもんなんだなって思った。緊張感とかスリルとか言うと聞こえはいいですが、あの時は本当に恐ろしいと思いましたよ。

なぜそんな勝負をしたかというと、当時の私には、たとえ十万円突っこんでも見返りとして六万円儲かるという、これがデカかった。その魅力で大勝負しちまったんです。

今なら六万円の見返りよりも、まずは十万円を失いたくないですからねえ。

これがやっぱり所帯を持ち、子供も生まれ、親も年をとったという結果でしょうか。

でもだいたい、競馬ファンというのはそんなモンじゃないですか。勝負に行けるのはせいぜい若いうちだよね。家族の生活がかかる金になってくると、そうはいけない。

結局そのようにして、人間は夢をも失っていくんだと思う。これじゃシメっぽくていけませんねえ。

それにしても、私は何度くり返して考えてみても、自分の競馬人生でいちばん記憶に残っているのは、テスコガビーとカブラヤオーですね。

昭和五十年というのは、一生、いちばん思い出に残る年だと思うんだよ。

あの時のあの四歳牡馬と牝馬の二頭の活躍といったら本当にすごかったからさ。二頭とも菅原泰夫騎手（現調教師）のお手馬でしたね。

特にテスコガビーはすごかった。後ろの馬たちがまったく見えなかったんだから。

そんなの、今じゃまったく考えられないことですが、桜花賞の時は二着馬を十何馬身ちぎってたんじゃないのかな。考えられないでしょう。それくらいすごかったよ。

オークスの時もそんな感じでした。私の記憶の中で、それは増幅されているのかもしれないけれども、テスコガビーがゴールした時に、本当に後ろの馬が見えなかったっていう記憶がある。目に入らなかった。あれは強かったなあ。実際はせいぜい十馬身くらいだったのかもしれない（八馬身差）。でもそのくらい衝撃的だった。

あれは私の競馬歴六、七年目のことじゃないのかな。桜花賞も皐月賞もともに、その年は忘れられないですよ。

そのあとは、ここで勝負したぞ、というのは思い出してみても数えきれないくらいにあります。

競馬にまつわるエピソードは数知れないけれども、馬券に関するのっていうのは年中のことだからあんまり覚えてないんだろうね。

それはつまり「あの日、ごはん何食べた？」って言うようなものなんだよ。

まあ、思い起こせばいろいろとありますよ。

今だから言いますが、グリーングラスが勝った菊花賞の時っていうのは大金を失ったんですよ。

けっこうな金をしこたま入れていて、しかもそれが他人の金だったから参りました。友だちとノリで、人から預かってた金で「やっちゃおうか」っていうことになってね。そして聞いたこともないグリーングラスってのが最内をスルスルと……本当にスルスル来ましたからね。

この年はテンポイントとトウショウボーイという歴史的な名馬がいて、そこに十二番人気のグリーングラスが劇走するなんて思えなかったんでしょう。青ざめた。あれには本当に参った。腰が抜けてしばらく立てなかったよ。

あれ以来、人の馬券を呑むということは絶えてないです。私にとっても教訓となるレースでありました。

名勝負、感動したレース。

これもごはんの数ほどありますなあ。

感動したレースっていうことで忘れられないのは、やっぱりカブラヤオーとテスコガビーですねえ。これはどういうわけか、物事というのは何でもそうなんですけれども、自分が仮免のころ、トウラマ的に覚えているものっていうのは、最近のもの以上にすごく記憶に生々しい。

そういうふうに考えると、私の競馬の草創期に出くわしたカブラヤオーとテスコガビーという二頭の馬は、未だに歴代の牡馬牝馬の中でも、それぞれいちばん強い馬だと信じているのです。

だから名勝負というと、何だっけかなぁ、東京四歳Sだったかな。カブラヤオーとテスコガビーのデスマッチがあったんだよ。それが名勝負といえば名勝負でしょう。

他ではスピードシンボリとアカネテンリュウ。

このアカネテンリュウってのが悲劇の馬で、何度やってもあと一歩のところでスピードシンボリに勝てないんだよ。

昭和四十四年と四十五年の有馬記念で二年連続、スピードシンボリに敗れての二着だった。一年目がハナ差で二年目がクビ差だったかな。

この二頭の対決も記憶に残る勝負ですねえ。

私はアカネテンリュウが好きで、何とか勝たせてやりたかったんだけど。

私も連複の馬券は取ってるんだよ、二着には来るから。だけど結局勝ってくれないから、馬が引き上げてくる時は何とも言えない気持ちだった。

「オレは馬券を取ってるんだけど、お前は何で勝てないんだ」っていうね。

あと記憶に残るのっていえば、ダービーを勝ったあと三十何連敗もしたダービー馬がいましたねえ。そう、オペックホース。

あの馬については、私と同じことをやった人、オペックホースとともに三十何連敗したファンはけっこう多いんじゃないでしょうか。

うんざりするくらい参りましたよ。

二着にも来ないから、馬券にもなってくれない。

でも人気が落ちはじめると、やっぱりダービー馬だからという理由で気になって買いたくなる。十回ぐらい追いかけて馬券にならないと、そのあとは「買うのをやめたとたんに来たらどうしよう」っていう、その強迫観念が今度は植えつけられるわけですよ。だからちょっとだけでも買ってしまう。

結局、永遠に来ないんですよね、あの馬。

ヤなヤツでしたね。来るとは思ってないのに、この前までずっと買っていた馬が来たらどうしようという感覚。

それでもやっぱり来ないというのは、ただ馬券をはずしたというだけじゃないんですよ。立ち直れないんじゃないかってくらいのダメージがある。

彼にはいろいろ教えてもらいました。

馬を追いかけてはいけない。なんかこういうヘンな馬の方が記憶に残ってますよね。

そういう意味でヘンな記憶というと、当たったはずの馬券が一瞬にしてハズレ馬券になっちまう「失格馬券」ってのを、実は私、よく買ってるんですよ。

こういうことはそんなに何回もないはずなのに、記憶としてはいっぱいある。「えっ、失格かよ。当たりじゃないのかよ」っていうやつです。この「連対してるのに失格になってしまう」というケースが、これまで五～六回はあると思う。つまりそれだけ強烈なショックを受けたということなのでしょう。

競馬で何が納得できないって、あれほど納得できないもんはないですよね。かといって、逆に、失格があって繰り上がって馬券を取ったというケースは一回もないような気がします。

あの呆然と立ちすくんじゃう失格馬券……。写真判定で負けたというのはそんなに立ちすくまないんだけれども、失格ってのはほとんどの場合、立ちすくむよ。

喜んで払い戻し窓口に並んでいたら「アンタは帰りなさい」って言われることなんですから。

だいたいの場合において、連対した馬はまず失格しないという、ファンにとっては、まあ暗黙のセオリーみたいなもんがあって、だからみんな大丈夫だと信じて、行列を作って払い戻しに並んでるんだよ。それが失格のアナウンスでため息と共にオーッってくずれるわけ。あれはたまらんよね。

馬券の読みは当たってるわけだし、そういう場合に限ってけっこう配当がデカかったりするんだよな。

その点、昔、ターフビジョンがなかった頃は、場内のテレビだけじゃ結果がよくわかんなかった。特に私は直線坂上の叩き合いが好きで、府中なら現在のC指定席のところに陣取ることが多かったから、あそこからじゃ結果は何もわからなかった。

みんな、差したとか残ったとか、いろんなことを言っていて面白かったね。

私がこれまでで一レースにいちばんお金を投入したレース。

どれだか覚えてはないですが、おそらく百万円単位でしょうね。でもそれは星の数ほどありますから。

もっとも大勝ちしたレース。

これはどうでしょうか。どれがいちばん多かったのか……三百万円単位の払い戻しっていうのはけっこう経験がありますよね。

五百万っていうのはどうだろう、あったかなあ。それはあるよ、あるある。というのは昔、ある時期の買い方っていうのは、四倍五倍というオッズのところに百万円入れるという買い方をしていた頃があるから、これは当然あるでしょう。だからそういうことを考えると、最近はホントに、私もヤキが回ったなって思うことがありますよ。

ちょっと前だったら間違いなく百万円勝負だ、というようなレースでも躊躇《ちゅうちょ》しちゃうようなあ。上着のポケットからお金を出しかけたのにやっぱり買えない。その日の調子だとか、レースの流れが読めているかとか、そういう要素以外にも問題があるんでしょう。

絶対にこの一点しかないとわかっていても行ききれないというのは、勝負への執着度かなあ。あーあだよ。

では大負けしたレース。

私の場合、大負けしたといってもせいぜい百万円だと思います。

でもコンスタントに一日百万負けていた時代だってあるんだからね。

やるもんじゃないです。私がこういうふうに言うと、百万円も馬券を買うとどんなに楽しいだろう、と思う人もいっぱいいるかもしれないけれども、そんなのちっとも楽しくないですって。

つらいだけですよ。そりゃつらいよ。

だって常識で考えれば、毎日競馬場に百万円持っていくヤツっていうのは、給料をいくらぐらい取ってなきゃいけないかって考えてみると、一千万じゃダメだよ。月給二千万ぐらいもらってるヤツでないといけない。

それにしたって一日百万はでかいですよ。給料の二十分の一を持っていくというのは。

ってことは私だって、まさかその時に、一カ月に二千万もの収入があったわけじゃないんだから、それこそ命がけで百万作って行っていたということですよ。

其の六………ダービー………

競馬歴三十年の私でさえ、やっぱりダービーっていうのはドキドキしますよね。

そのドキドキには独特のものがある。レースそのものに純粋にドキドキするでしょう。

春の天皇賞はじっくり見て感心するレースだけれども、ワーッと騒ぐ感じじゃない。

有馬記念の場合は年末という雰囲気と、もうこれで今年はおしまいという自分の感情も入るから、また違う趣がある。

そういうことを考えると、いちばん純粋に競馬として興奮するのはダービーでしょうね。スリルもあります。

ダービーってなんだかんだ言って、やっぱり声が出るよ。直線に向いた時点で、結果がもう見えてるダービーなんてないですからね。

ダービーの日は朝から独特の雰囲気がありますよね。

新宿で京王線のホームに立った時からして、なんかいつもとはちょっと違う気がする。

レースが一つ一つ、いちばん記憶に残ってるっていうのもダービーだよね。で、その時の終わった瞬間に自分が考えたことも覚えてる。「何だよ、メリーナイスって本当はこんなに強いのかよ」とか一瞬考えるじゃないですか。ハズレた時の脱力感も含めて、感想で覚えてますよ。

ってことは、それだけ自分も真面目に予想して考えて、そのレースに集中してるってことなんでしょうね。

やっぱり競走馬を作るにあたって、馬は生まれた時からまずダービーを目指すっていう目標がある。生まれた時からジャパンカップを目指すとか、天皇賞を目指すっていう馬はいないわけですよ。

なんなんだろうね。

例えば賞金額からいったら、ダービーだけがずば抜けて高いわけじゃないんだけれども、それでもやっぱりダービーなんだよ。

あ、そうそう、これは余談なんですが、三十一回もダービーを見ていると逸話もいっぱいあるもので、私が生涯一度のスリ体験に遭ったのもダービーの日でありました。

高校三年の時だったね。喫茶店でアルバイトしていた私は、みんなに頼まれて後楽園場外に馬券を買いに行ったわけですよ。そしたらいつの間にか、買い目を書いたメモと一緒に、ケツのポケットに入れていた札束をすられたすられた！

あの時は頭にきましたねえ。お金は頑張って返したんだけどさ。

あなたは何回ダービーに挑戦していますか。

そりゃ私は競馬人生三十周年ということですから、ダービー挑戦は三十一回を数えます。そりゃそうですねえ。

私はダービーだから特別にどう、という馬券の買い方をしているわけではありませんが、ここで過去十年のダービーを振り返ってみることにしましょう。

でも、過去に大儲けしたダービーなんてあったかなあ。よく覚えてないんだよなあ。

でも悔しいのは結構覚えてますよ。

例えば昭和六十一年は二着のグランパズドリームの単勝をしこたま持っていたとかね。こりゃ熱かった。勝ったと思いましたよ。全然人気なかったんだよ、この馬……。

平成元年、ウィナーズサークル＝リアルバースデーってのはしこたま取った記憶があるよ。

平成六年のナリタブライアン＝エアダブリンってのもしこたま取った、確か。一点か二点で取ったんじゃなかったかなあ。とにかくナリタブライアンは抜けて強かったですからね。

これは何となく美味《おい》しい馬券だった。

なんだ、儲かった馬券も覚えているものですね（笑）。

信じられなかったのは、平成七年のタヤスツヨシ＝ジェニュインっていう馬券。

私は、ジェニュインっていう馬は絶対に来ないと思ってた。

なぜか私は、昔からジェニュインにはすごい偏見を持っちゃってるんですよね。この馬については今でも決して強い馬だとは思ってないんです。

確かにGＩは二つ勝っていますけれども、私が思うに、それは相手に恵まれたGＩだったような気がします。格としてはGⅡの馬だと思うよ。

ただジェニュインというのはすごくイメージのいい馬で、まず名前がいい。それから名手岡部が乗る、さらに名門松山厩舎。そういうイメージがあって、過大評価されていたんだと思うよ。

でもダービーでは二着に来ちゃった。これはオッズを見ちゃったら全然買えなかったですね。

あとは、やけに記憶に残ってるのはライスシャワーですね。

ライスシャワーっていうのは、ダービーの日のパドックが今でも印象に残っています。

小さい馬なんだけど、すごく均整のとれたバランスのいい馬体だなって。この馬はダービーよりずっと前の頃からいい馬だなと思ってたんですよ。

ダービーの時は全然人気がなかったんだけどさ、でもライスシャワーっていう馬はずっとよく見てたから、何しろ馬券を買う買わないにかかわらず、いずれ強くなるだろうなとは思ってたんですけどね。

だから馬券は取れなかったんだけれども、なるほどなって納得できました。

そしてそれ以後、ライスシャワーはその時のパドックの記憶で私の「お手馬」になったんですよね。

開いた口が塞《ふさ》がらなかったのは、何と言っても平成二年、アイネスフウジンの逃げ切りでしょう。

この時も自信を持ってアイネスフウジンを消したんですよ。というのは、ダービーの二四〇〇メートルを逃げ切るというのは、カブラヤオーのようにずば抜けた強さを持った馬でないと無理だ、と私は思ってたんです。これは今でも思ってますよ。

ダービーというのはご存じのとおり、スタートしてからもダービー特有のペースになるからさ。あの前半のペースをそのまま背負って逃げ切るというのは、普通の馬じゃとてもできないんです。

だからこの時も、私はあとからどう考えても信じられなかった。夢かと思いました。

で、その時の教訓としては、やっぱり暮れの三歳ＧＩを勝った馬は強いなっていうこと。

グレード制が確立されてＧＩ制が導入されたとたんに、朝日杯三歳ステークスというレースは、賞金が高くなったぶんだけ、俄然、強い馬が狙ってくるレースになった。あれから朝日杯の意味ってのがガラッと変わったということでしょうね。

アイネスフウジン以降は、他にもミホノブルボン、サニーブライアンとダービーを逃げ切った馬が出ています。

ミホノブルボンには異論はありません。強い馬だったと思いますね。私はね、ミホノブルボンという馬は三冠馬になる可能性を持った馬だと思ってましたよ。

でもサニーブライアンっていうのは、アレはよくわかんなかった。

いずれにせよ、逃げ切ったかどうかはともかくとして、近頃の競馬を見ていると、距離に関係なく、ある程度先行して前に行っていなければならないのは確かですからね。昔みたいに最後方から大外一気の馬がダービーを制するということはまず、これからもあんまりないでしょう。

狙いはある程度前半のペースについていける馬。頭数が少なくなった分、昔よりペースも落ちついてきていますしね。

それにしても、アイネスフウジンはけっこうハイペースなのに逃げ切ってしまいました。

まあ、思い出に残るダービーというと、だいたいそういうところでしょうか。

私の競馬歴の中には、ダービーの馬券を買わなかった年というのもあったかもしれません。やっぱり三十一回ともなると全部を覚えてはいないですよ(笑)。

私はどっちかと言うと、クラシックだからどうのGⅠだからどうのっていう買い方はあまりしないんですよ。

だからたとえダービーだってケン(見=見送り)しているレースもあると思うよ。

競馬場には行ってます。競馬には行ってるけれども、真剣に検討した上でGⅠレースをケンにしたってことは何度もあります。そりゃ面白いから見るけどね。

そうそう、平成八年のダービーってのも今思うと痛恨でしたね。

私はフサイチコンコルド、ダンスインザダーク、メイショウジェニエの三頭でいいよって、ずっと言ってたんですから。競馬場でも誰かに聞かれるたびにそう教えていました。

そのまま素直に買ってたら三連単だって当たっていたはずなんだよなあ。

ふと魔が差したんです。みんなに言っておいてギリギリになって迷っちゃったんですよ。

ダンスインザダークとメイショウジェニエの一点勝負。

一瞬「できた!」と思ったんですけどね。レースが終わった後で、みんなに肩を叩かれましたよ。とびきりの笑顔で……。私のおススメの馬券をみんな買っていて、みんな取ってんの。自分だけ取ってない。何にも言えなかったですね、恥ずかしくて……。

それにしても、なんでフサイチコンコルドを切っちゃったんだろうか。

もうお金を準備していて窓口に並びかけたところで「ちょっと待てよ」ってなっちまったんですよ。ん、ちょっと待てよって。

フサイチコンコルドはまだ二勝馬で休み明けで、要するに私の長年のデータの中ではまったく例外の馬だったんですよ。悔しかったなあ。

熱かったです。声が出ましたよ。「やーめーろー！」ってさ（笑）。

ところでフサイチコンコルドといえば、ノーザンファームの吉田勝己さんのところに行って、後で話を聞いたんですよ。

後からのことなんですが、フサイチコンコルドは全然モノが違ったそうです……。

まあ、だからあの時の教訓ってのは、やっぱり直前迷いというのは良くないということですね。

競馬ではよくあることなんですけれども、パドックを見て決定的に気配が悪かったとか、ものすごく馬体重の変動があるとか、レース当日に競馬場へ行ってデータとして参考になるのはそれくらいじゃないですか。

でもそれ以前に、前日に一晩かけて予想しているわけなんですよね。

数字で見えているところ、馬柱にある部分……すべて検討済みなわけですよ。

それを簡単には切っちゃいけない。一晩の結論というものを一分で変えてしまうというのは、すごくよくあるんですけれども、やっぱり大切にしないといけませんね。


昔は、クラシックを目指す馬というのは、皐月賞だダービーだっていうと、同じようなローテーションでみんな使ってきていましたから、いくつかの主要レースを見れば把握できたんだけれども、今はそうじゃないでしょう？

みんな、いろんな使い方をしてくるから、それまでのレースをいかに真剣に見ているか、が以前にも増して重要だと思います。きちんと見ていないと、すぐにわからなくなってしまいますよ。

四歳のクラシックを前にしたレースというのは、ローテーション重視で使ってくるから、〝ホントは強いんだけれども他のローテーションを経て回ってくる馬〟っていうのも最近ではあるんですよね。

また真っ正面から正攻法のローテーションで来る馬だって、トライアルレースではわざと太めの馬体に作っておいて、本番に向けて徐々に馬体を絞り込んでくるっていうこともけっこうあります。

だからそのぶんレースをよく見ていないと、ましてやレース以上に、その当日のパドックをよく見ないとわからないんだよ。

ダービーとは言っても、その日の勝負の流れってものがありますからね。自分の頭の切れ方とか、運の向き方とかの勝負の流れがあって、だからそれを読み切れなければなかなか勝負はできません。

午前中全タコっていう時には、私はその後のレースではほとんどおとなしいですよ。これを取り返すのはなかなか難しい。

勝って帰るときには午前中、たとえプラスにはなっていなくても、少なくとも一つや二つは取っていないと。それができていないでタコのままダービーを迎えて、となったら、ほとんど勝負はできないですね。

あのね、私の経験からいうと、その日の第一レースっていうのが、案外一つの指針になります。一レースでどういう予想をしているか、パドックで見えているか見えてないか。すなわち確率的に言うと、一レースで取っている日というのはかなりの確率で勝ちますよ。

一レースをはずしたからといって全部負けるということではないけれども、午前中全タコの場合はほとんど負けのことが多い。

それは頭が冴えていないし、しっかりした予想ができていないということでしょうね。いちばん肝心なのはパドックで馬が見える日と見えない日があること。今日は馬体の善し悪しが見えてるっていうのがね。自分のカンの冴え方。体調の善し悪し。

私は運っていうのはあまり信じないですね。やっぱり大切なのは自分の体の中にあるものなんですよ。

金額もいつも申し上げているとおり、ダービーだからといって大金を入れるというのはないですね。

大金を入れる時は、やっぱりそれなりに平場のレースだろうが新馬だろうが未勝利だろうが、本当に自信のある時です。

自分の予想にはっきりと自信のある時であって、ダービーだからとかGⅠだからとか、最終レースだからとか、そういうことでドカンといくことはないですよね。

だからどのくらいの金額を投入するかというのは、その日にならないと決められません。

今年のダービーはいくら買おうとか言ってお金を用意するヤツは負けますよ。競馬はそんなに甘くない。

最後にダービーに関するアドバイスを一つ。

私は、ダービーはもちろん毎年行っていますし、あの時期の東京競馬はものすごくマジメにやってるんだけどさ、いつも思うのはあの時期の東京競馬場って馬場がグシャグシャなんですよ。

だからどのレースにかかわらず、いいコースを通ってきた馬が勝つ。

あの季節の東京競馬の大きなポイントですね。

ここ数年、この傾向は昔以上に顕著だと思います。

馬場の内側はボロボロになっちゃうし、外側のいいところを通って中団から追い込んできた馬は届くよ。

騎手の乗り方、勝ち方を見ていても、ものすごく馬場を気にしているのがよくわかります。だからレース展開がとってもモノを言うし、騎手の技量もモノを言うと思う。

これはダービーも当然そうですけれども、最近の競馬についてはダービーに限らず言えると思います。

馬場の状態っていうのは想像以上にすごく競馬に影響するんです。ＪＲＡはターフの状態についてはあまり細かく公表しないけれどもね。

これは私がウインズで馬券を買っちゃいけないという理由の一つでもあるんですが、現場に行って馬場状態を見るというのはとても大切なことだと思う。

一般的にはみんな、稍重《ややおも》とか重《おも》という馬場発表しか気にしないけれども、実際に芝コースのどこがハゲていてどこに芝がついてるのか、あるいはダートコースの内側と外側ではどっちが深くてどっちが浅いかっていうようなことが、ものすごくレースに影響すると思います。芝コースの場合はいつも競馬場に行ってる人だったら見て分かります。私なんかも朝、競馬場に行くと、まず指定席から双眼鏡でターフを見るんですけどね。四月からコースを使ううちに、ダービーまでの期間でどのくらい荒れてくるのか。

そういうわけで、ダービーの馬券は馬場状態もよく考えて決めてほしいと思いますね。

第二章

浅田流
馬券師の心得

其の一……テラ銭について……

私は競馬を始めてすぐの高校生の頃、競馬は二十五パーセントのテラ銭を取られるって知りました。聞いたときはものすごいショックだった。

この二十五パーセントのテラ銭ということについて、ガーンとしない人は競馬をやめた方がいいですよ。それは最初から計算のできない人ですから。

私は、その二十五パーセントというのを聞いたときは「こりゃ詐欺だ」と思ったもんです。絶対に勝てるわけないよって。

でも競馬は面白い。面白いから、じゃあ、その中で勝てる方法、この二十五パーセントを奪回する方法を模索していったわけです。

でね、私が競馬を始めた当時は、ファンが自分で二十五パーセントのテラ銭を差し引いて計算していたものです。

何故かというとオッズがなかったからです。実際はテレビのモニターでちっちゃいのがあったけれども、大きいオッズ板がなかったから、よくわかんないよ、みたいな感じだった。

競馬場は一点一枚のガッタンガッタンという馬券を売り出していたし、場外馬券売り場はみんな〝目〟ごと、1―2の窓口とか3―4の窓口とかに分かれていた時代ですよ。しかもパンチ馬券だった。

そういう意味では、あの頃の人たちはみんな計算高かったと思いますよ。

場外馬券売り場はオッズの表示なんて全然なかったですからね。だから場外で馬券を買うときには、4―6なら4―6っていう窓口の数、この目の窓口がいくつ作ってあるか、がポイントだった。

要するに人気のある〝目〟は窓口の数が多いんですよ。

で、それぞれの〝目〟の窓口にどのくらいの人が並んでいるかを遠くから見ていて、それで大体のオッズの目安を付ける。

こりゃ売れすぎてるから配当は安いな、とかね。

さらに、自分でもっと売れ行きを把握しようとするときは、窓口で聞いたりする。窓口のおばちゃんに「何冊売れてる?」って。若い人にはピンとこないかもしれないけれども、つまり当時の馬券は何百枚かで一冊になっていましたから、それが何冊売れているかがわかれば、大体のカンで、締め切り五分前でこれだけ売れてるっていうことはこのくらいのオッズだなって計算できたんですよ。

今から考えると不思議なことかもしれない。そんなオッズの時代ですからねえ。これも私にバクチの才能があったから？　いえいえ、やっぱりお金に対して神経質だったんですよ。

だから要は漫然と提供されてくる情報を真に受けて、漫然とお金を出しているというのではなくて、自分で考えなきゃダメということ。

信じられないかもしれないけれども、その頃は地方競馬なんかに行くと、配当の表示もなかったんですよ。いくらついたのか知りたくても、電光掲示板っていう機械が何もないんだから。

どうなっているかというと黒板に書かれたものが出て来るんだよね、ザーッて。その黒板に書いてあるのがオッズなわけ。

慣れてるヤツはそこに何万票、何千票って書いてあるのを見て、とっさに配当がいくらか計算できたんですよ。これはもうほとんど瞬間的な作業。だからあの頃競馬をやっていた人はみんな計算が得意だったと思います。

そういう計算をするっていうことは、常に二十五パーセントっていうテラ銭が頭の中にあるわけなんですよね。どういう計算をするにしても、二十五パーセントを引いて、という計算をしなきゃいけないわけだから。頭の中でいつも二十五パーセントの引き算をしていた。

私もそういう計算のやり方がいまだに頭の中にありますが、だからあの頃競馬をやっていた人というのは「競馬はもうかんない」っていうことを誰でもよく知ってると思う。

今のファンは、そういうのが全然ないでしょう。馬券を千円買ったら、千円そのまま買った気になってしまっている。でもシステムは昔とおんなじなわけですからね。

原則として数学的にいえば、競馬は勝てない。誰も勝てない。

だからこそ、いかに本線で馬券を仕留めるかがポイントになってくる。

私は昔から、というか、かなり初期の頃から今と同じような馬券の買い方をしてきていますが、でも「点数を絞れ」というのはあまり言ったことはないんです。特に馬連の馬券になってからは、点数は多くても別に構わない。仮に本線は外れても押さえてなければならないっていうのが私の持論ですから。元を取れなくても押さえていろ、というのも競馬で勝つ上では大事なこと。

私だって十点買うことはあります。それは構わない。ただ、本線を決めてかかんなきゃ馬券は勝てない。

其の二……ジャケットを着るべし……

これはもっとも基本的なことですが、競馬場に行く時には、身なりをきれいにして行くというのも実は大切なことだと思います。

ジーパンはいてTシャツ着てスニーカーはいて、それはそれでいいですよ。でもそのなりで百万円は持って帰れないでしょう。

物理的にも持って帰れないし、入れるところもない。またそういう人間が持っていたらおかしいですよ。

これは縁起ではなくて、その人は最初から百万円勝つような競馬はしないはず。これは大事なことです。

私は競馬場に出かけるときには当然のごとく「よーし、今日は大口の払い戻しに並ぶぞ」とやる気満々ですから、できるかぎりジャケットを着て行くようにしております。ジャケットさえ着ていけば、いくら払い戻しを受けたとしても、まあ全部のポケットに入れれば結構入りますから。いっぱい勝つ気で行くんなら、やっぱり上着は着るべし、ですね。

気持ちが遊びになってちゃ勝ちは呼び込めないということですよ。

其の三……ゲンかつぎ………

前のレースで、あのおばちゃんの窓口で当たったから、次も同じ窓口で買おうというタイプの人がいるようです。

これはみんな一度は考えることかも知れませんが、私はまったく考えませんね。また、このレースの本線は2―6で勝負するつもりだから、ゲンをかついで二十六番の窓口で買うとか、これもありません。

ただね、窓口の選び方としては私にもコツがあります。

例えばトロそうなヤツ。ウーンと年寄りのおばさんでトロそうな人とかいるじゃないですか。あれはやっぱり避けますよ。トロそう、おろおろしそう。そういう実際の、現実的な意味では、そりゃ選びますよ。テキパキして手際のよさそうな人の窓口は間違いない。

特に私は締め切り間際に馬券を買うことが多いですから、間に合うかどうかの瀬戸際でこっちも焦ってますしね。とっさの判断でそういう選び方はするけれども、ゲンはかつぎません。

競馬に関して、私は昔からゲンをかついだことはありませんね。

これをやったらキリがないし、もしもマイナス要素のことをやってしまった場合にすごく負けちゃう可能性が高い。

だからそれは競馬だけに限ったことじゃなくて、人生の何についても、私はジンクスとかゲンかつぎとかそういうものは信じない。

そういうものにとらわれるべきではない、と思います。

あのね、ゲンをかつぐということが自分の人生に対してプラスマイナス、どちらだろうと考えた場合にプラス要素はまずないです。全部マイナスになる。こういうのは競馬に限らず、あらゆることにおいてやめた方がいい。努力しなくなるしね。

それと同じようにいわゆるケントク買いは一切いたしません。

隠された暗号とかキーワードとか、話としては面白いけれども一切考えないし、馬鹿馬鹿しいと思う。少なくともあれは話して笑いあうものであって、予想に応用するものでは決してありません。

ラッキーナンバーも一切ありません。

ただし番号に関してはこういうのはありますよ。中山ダートの一二〇〇は外枠が有利であるとか、府中の二〇〇〇の内枠はどうだとか、それはある。そういう意味での馬番の数字は当然考えます。これは予想していく上での大きな要素。

これはゲンかつぎではなく、データですかね。

其の四……女連れは勝てない……

数年前から競馬場にずいぶんと女性の姿が多くなりました。今の時代は「競馬場に行こう」といって彼女を誘えますからね。私たちの時代なんか、彼女に向かって「競馬に行こう」なんてとんでもなかった。昔を知る私たちにはとても想像できない時代になっているようですね。

だいたい昔は女性が競馬場に来ていること自体、稀《まれ》でした。お客さんの百人に一人くらいしか女の人はいなかったし、特に若い女性なんて何百人に一人しかいなかったんですから。

そりゃもう、若い女の子が歩いているだけで、みんなに振り返られたっていうのが二十年前の競馬場だったんだよ。

そういう私も女の子を連れて行ったことがないわけじゃありませんが、連れて行ってかわいそうだった。競馬場の席にちんまりと座って本なんか読んでさ。でも常識で考えてみれば、わざわざ競馬場に連れてくるんなら、もっと面白い遊びがあったんじゃないかって思いますね。

悲しい青春でした。そういう女の人とは決してハッピーエンドにはなりません。

だからできるだけ仲間で行った方がいい。恋人は競馬場に連れていってはいけません。

やっぱりね、女連れでは競馬に勝てませんよ。

最近は競馬場に彼女を連れてくる若者が多いんだけれども、それじゃあ絶対に負けるよっていうのも、よく考えてみれば実は非常にわかりやすいことだと思うんです。

要するに、彼女を連れていったら、当てよう当てよう、いいところを見せようってことしか考えなくなってしまうから。それじゃあ勝てない。

大穴を取ってやろうとか、本命に突っ込んでいいところを見せてやろうとか、普段とは違う邪心が入るからですよ。

日頃の冷静な自分の判断力を失ってるんだから当たり前の話。普段はそんなことしないのに万馬券ばかり狙ってみたりとかね。

人に見せるための馬券というのは取れるわけがない。

ですから私も「馬券を掲載したいので浅田さんの馬券を貸して下さい」と言われて雑誌に載った馬券は、取れたためしがありません。人に見せることを少しでも意識しちゃったから、普段と違うんでしょう。まあ、いかに競馬が難しいかがわかる例ですね。

この狂いというのは、勝てないどころか、実は翌週からの自分のスタンスを見失わせるから怖いんですよ。

友達と行く時も同じことが言えると思います。競馬場へは、自分と同レベルの友達と行くのがいちばんいい。

初心者と行くとやっぱり格好をつけちゃうし、上級者と行くと逆に自分が引っ張られてしまう。

だから自分と同じようなレベルで、同じような知識があって、できれば同じような金銭レベルの友達と行くべきです。そうすればお互いにあまり影響されないで、いつもどおりに競馬ができます。

競馬との相性というより一緒に行くヤツとの相性っていうのもあるということですね。これは競馬に勝つための、意外に気づかないハード部分かもしれない。

其の五………競馬場での悪態について………

競馬雑誌の編集部に、私あての投書が迷い込んだそうです。それは次のような内容のお手紙でした。

「僕はよく競馬場で悪態をつきます。悪態をつくといっても本人に自覚はなく、ただ僕なりに競馬場の雰囲気を感じながら振る舞って楽しんでいるつもりなのですが、周りの人や連れの友人たちからは、そのようなことはやめたほうがよいと言われます。僕はハズレ馬券は必ずその場で破り捨てるし、騎手をヤジったりもします。JRAはクリーンキャンペーンやマナーを守って楽しむように訴えかけています。僕のようなファンは競馬場に出入りしないほうがよいのでしょうか」

とまあ、こんな感じなのですが、そんなことはないですよ。

競馬場は悪態をつくところだよ。もちろん私もつきます。これは正しい競馬の楽しみ方ですよ。

競馬場の雰囲気というのは、もともとそういうものなんですよ。だから別に、そんなに上品にしたりきれいにしたりすることはないと私は思ってますけどね。

だったら上品な遊び、きれいな遊びっていうのは、他にいっぱい、いくらでもありますから。

競馬場をきれいにしようとか、ヤジるのをやめようとか、っていうのは偽善ですよ。だって競馬そのものがお金のやり取りなんだから。バクチなんだから。きったねえ遊びなんだから。

それをきれいにしようってのは、風呂に入らずにパンツを替えるようなものですね。

これはやっぱり、この人は正しいと思います。

ただね、あんまり周囲の迷惑にならないように、というのはありますよね。

つまり、ヤジにもセンスの問題がある。本当に不愉快になるヤジっていうんじゃなくて、周囲がドッと笑うような明るいヤジっていうのね。

昔は、うまいヤジを飛ばすオヤジがいたんだよ。

近頃は、そんなヤジは死に絶えちゃったけど。

最近は本当にいませんねえ。

昔はね、パドックの大向こうから、本当に声を掛けるような感じで上手なヤジを飛ばすオヤジってのがいたんだよ。パドックが爆笑の渦になるような気持ちのいいヤジがありましたけどね。

あれがなくなったのは淋しいかぎりですね。

騎手をヤジるのはいいんだよ。面白えんだよ。

だから今の若い衆もさあ、ヒーローになれるくらいに徹夜で考えてヤジってくれよ。

こういうのを考えるヤツがいたら面白いよなあ。期待していますよ。

それから「ハズレ馬券は必ずその場で破り捨てる」って、なんだよ、破っちゃいけないのかよ。

ただし、これは私も言っておきますけれども、ハズレ馬券を破り捨てる時は必ず確認しなきゃダメです。

私も馬連になってからすごく失敗が多いんだよ。買い間違いもあるし、何しろマークシートだから、サインペンで隣に棒をひっぱったら、自分の予想とは違う馬券が出てきちゃうんですから。

先日「やったあ、取ったぜ」と言って仲間にVサインをして喜んだのですが、自分の買った馬券をよーく見ると、七番から流して買ったはずなのに、一点だけ八番になってたんですよ。それがよりにもよって的中の目とは……。派手に喜んだ分、その三倍は恥をかいてしまいました。

みなさんだって馬連で十通りも買って、その全部をいちいち確認していないと思うんですよ。だから馬券は、たとえハズレ馬券でも必ず確認してから破り捨てるようにして下さい。なぜかといえば、そのお金というのはファンのところには決して返ってこないものだからなんです。あれはもう販売されたものと見なされて、中央競馬会の儲けになっているし、その儲けの金額って実はものすごいと思う。要するに知らずに捨てちゃった馬券ですね。

それからJRAがクリーンキャンペーンをやってるのかどうかは知らないけれども、ここ数年、お掃除のおじさんやおばさんがすごくウロウロし始めて、なんか申し訳なくてしょうがないというのは確かにあります。

私も何度もやっているんですが、当たり馬券をね、もしゴミ箱に捨てちゃっても昔は拾いに行けたんだけど（笑）、今はすぐになくなるし、捨てたら最後ですからね。

いや、この方のような競馬ファンというのは得難い。正しい。将来性十分。あなたはこのまま競馬オヤジになりなさい、と私は申し上げたい。

でも、悪態にもいろいろ種類はあるでしょうが、決して自分でグチっちゃダメだよ。ヤジるってのは面白いし、それはそれでいいんだけれども、絶対に自分でグチったらダメです。

あのね、競馬で負けてるヤツって、見ているとわかるんですよ。

麻雀でも何でもそうだけれども、負けている人はグチり始める。「なんかなあ、今日はダメだよ」って言い始めたらもう、その時点で負けですから。そういう悪態はつかないようにして下さい。

他人に悪態はついても、自分には悪態をつかない。これは人生もすべてそうです。こういう人には、一生競馬をやり続けてほしいものですね。みんな、どんどん競馬をやめるんですよ。

就職してやめる、結婚してやめる、子供ができてやめる、というようにね。

この間も、いつも一緒に競馬をやってた仲間が結婚したんだよ。気の毒に競馬場に来れなくなっちゃった。ずーっと欠かさず、ずーっと毎週来ていたのに、結婚したとたんにずーっと来なくなっちゃった。気の毒ですよね。本人だってやめたくてやめるわけじゃないんだろうから。

其の六……スーパー体力について……

一日中、競馬場を歩き回っていると十キロ近くは歩いている計算になるのではないでしょうか。

「浅田さんと一日競馬場にいるとウチに帰ってグッタリですよ」と競馬雑誌の編集者によく言われますが、それほどに競馬は体力が求められるものなのです。

私のタフさの秘訣というのは、一つは性格でしょう。

私はすごくポジティブな性格ですから、腐ることがない。ウジウジすることがない。

〝愚痴は言わない。ウソはつかない。見栄は張らない〟。

この三つが私のタフさの根源。こうやっていると世の中、楽しいから。

人間、すべての不幸はどこから来るかといえば、今の三つだと思う。

見栄を張るヤツ、ウソをつくヤツ。愚痴を言うヤツ……、不幸はここから来ます。

この三つを常にクリアしていれば、人間はいつも幸せです。タフな生活というのはその幸福感から生まれてくるから。

だってそうでしょう。自分が幸福だと思っていると朝も早く目が覚めるんだよ。そういう経験、あるでしょう。だから競馬でいっぱい儲かっちゃったとか、すごく気分が乗っているときというのは朝の五時頃に目が覚めて、さあ今日は何をしようかな、とかさ。

逆にクシャクシャしているときは朝も起きられないし、一日中ダラダラしている。そういう時は何をやってもダメです。

もちろん、自分がポジティブであるためには無病息災、健康な肉体が必要です。

私は健康だし、今申し上げた三つのことをいつも考えられる身体を受け皿として持っている。これがタフさの根源であります。

明るければ多少の災難だって冗談で済むんだよ。笑って済ませられる。

例えば女とゴタゴタした場合でも、考え込んだらキリがない。それでも性格が明るいと笑って済ませられるんです。これは相手も助かる。笑って去っていける、というね（笑）。

私も今はなかなか運動をやる暇がないんですけれども、基本的には運動好きです。若いときは運動、やりっぱなしにやってたからね。

私は三十代の半ばまで、常に早足で歩くとか、意味もなく駅まで走るとかいうクセがありました。エスカレーターは使わずに階段を駆け上がるとかね。あるいは新宿―銀座間は電車を待っているよりも、歩いても大して変わりはないとか、そういうのがあったものです。新宿―銀座なんて歩いたって四十分くらいですよ。走れば十五分だって。

こういうことは生活のクセになっちゃえば何ともないから。

私は実は今でもそういうところがあって、例えば編集者と一緒に取材に行ったりすると、猛然と走り回りますから、みんな付いてこれなくて倒れるよ。

この春、取材でニューヨークに行ったときのこと。

アメリカ人は、みんなで毎週末セントラルパークを一生懸命に走ってるんだよね。あれじゃダメですよ。週に一回だけあんなに自分をいじめるように走ったり、きつい運動をしたって、逆効果で何の役にも立たない。体に毒でしょう。よけいおかしくなるって。

それなら、正しい運動の方法というのは、たとえ三十分でもいいから毎日やるということです。改まってそれができないというのなら、生活の中に組み込んじゃえばいいんですよ。

それがコツ、要は習慣です。

私の場合、現在の運動法はサウナと犬の散歩です。

今は若い人もみんな横着者、動作が緩慢です。あんなんじゃ、みんな交通事故に遭っちゃいますよ。よけられないだろう。キビキビしてないし、反射神経が悪いんだよ。

明らかに普段から運動をしていない証拠だと思います。

競馬場はいいよ。競馬場はとにかく歩きますから。

そういう点だけでもＷＩＮＳと競馬場は違います。ＷＩＮＳは空気も悪いし、運動量もない。もっと悪いのはＰＡＴだな。寝っ転がって競馬をやるなんて、あれは早死にしろというようなもんだなあ。

私だって競馬場から帰ったらクタクタですよ。ただ、疲れるということ自体は別に身体に毒ではありません。

昔は指定席に入っていながら、それこそレースのたびにパドックまで走ってたんですよ。そして見終わったらまた駆け足で階段を駆け上ってきてさ。レースを見るのは圧倒的に上の階の方がいいですからね。

それを繰り返してたんだから、すげえ運動量ですよ。

でも若い人が本当に真面目に競馬をやるんだったら、その方法がベストでしょう。馬を見る力が身に付くって事ですから。

自衛隊に行って来れば、そのへんのコツも分かるんですけどね。競馬をやる前に自衛隊に入ってきた方がいいんじゃないですか。一生楽しい競馬ができますよ。私の競馬は勝っても負けても楽しいもん。

其の七……全国の競馬場考察……

現在ある中央競馬の十競馬場で、私がもっとも好きなのはどこか。

阪神競馬場がいいですねえ。

阪神・淡路大震災後、復旧してきれいになった阪神競馬場に初めて足を運んだときには、あまりの美しさにたまげました。あの競馬場はすっげえきれいだなぁ。日本一でしょう。

競馬場に関して言わせていただくと、私はパドック党ですからまず気になるのは当然パドックです。

その点でも阪神競馬場は理想的で、いやはや感心させられました。

これについては私、関東の競馬場のテレビ・モニターを通して見ていても、阪神のパドックは見やすいなって感じていたんですよ。

その理由も現場に行ってみるとすぐにわかりました。

阪神のパドックは向こう流しのところに人がいなくて、壁になってるんですよね。

関東だと向こう側にも人がいっぱいいて、横断幕がズラーッと張ってあって、おまけに柵があるから見づらくてしょうがない。阪神は壁の前を、スクリーンの前を馬が通っていくから、あれが見やすい理由でしょうね。

それにカメラの位置も阪神競馬場がいちばん水平になっていると思う。上から見下ろしてないでしょう。あれがまたいい。理想的ですねえ。

それからパドックの形自体も、扇型に広がっていて、こっちに向かってすり鉢状になっている。つまり浅〜い扇型なんですよね。

東京競馬場のパドックは、小判の形で周りにベットリ人がいる感じでしょう。中山競馬場もそうだけど。ここが大きな違いです。

阪神の場合はね、向こう正面に人がいないんですよ。そして扇型に広がっている。さらに言えば、その広がり方も急勾配じゃなくて、ゆっくりとしたスロープ状なんですよ。

ということは、ほとんどの人に見やすい。だから距離が遠くなっても、例えば指定席から見る場合でも、双眼鏡でかなり水平に近い状態で見える。

これは馬体をチェックする上で、とても重要なことであります。

私は、阪神競馬場を設計した人は、本人が相当に競馬を知っている人だと思う。

福島、中山とは対照的ですよ。福島、中山のパドックはワースト二ですから。

オペラを見るようなもので、中山の指定席で上からこう見下ろして馬を見るのは、馬体の善し悪しもわからないし、イヤだもん。

其の八…………金額（レート）について…………

みなさん必ず考えたことがあるでしょう。い～や、あるはずです。今日は十万円持ってきているから、十で割ると一レース一万円ずつだなって。

そんなバクチあるわけないじゃないですか。おかしいですよ、これは。

それじゃああなた、例えば、チンチロリンだとかルーレットだとかバカラをやった時に、そういうことを考えますかっていうんだよ。考えるわけはないでしょう。

そんなことを考えたら負けるに決まってるんだから。

でも基本的には競馬も同じなんです。

自信のないレースは買わない。で、自信のあるレースは全財産賭ける（笑）という駒の上げ下げができないとダメですからね。

だから一万円ずつ通しで買うということは、毎回一万円ずつバカラに張り続けるというのと同じで、つまりギャンブルには、自分がどこに張るのかっていうことの他に、いくら張るかっていう横と縦の考え方というのが必ずあるんですよ。

それがいちばんわかりにくいのが競馬なんですよね。

ギャンブルにはすべて、ここが攻めどき、ここが引きどきっていうポイントがあるはずなのに、競馬の場合はそれがわかりづらい。

負けて反省しても、三十分のレース間隔の間に妙に冷静になって、また一万円使っちゃうんだよ。

なにしろバクチはなんでもそうですが、熱くなったら負け。

だからバクチで何を称して〝才能〟と言うかといえば、まずは私がいつも言うように金銭感覚なんですよ。

もう一つはその人間の性格。

バクチは何をやっても、すぐ逆上するような、カッとするような性格の人はまずダメだよ。わかるでしょう。

例えば麻雀だって、後ろで手作りを見ていて、ああコイツ上手いなと思っていても、カッカとするヤツは勝負の途中で打ち方が変わってくるんですから。なんでコイツ、上がりを焦ってなんでも混一色《ホンイツ》にするのって感じになっちゃうんだから。

だからこれは競馬でも同じことが言えるんです。

負けたからカッとして突っ込むというタイプはダメ。自分の精神状態を一日ずっと維持しなきゃ勝負することだってできないからね。

熱くなって勝負するなんていうのは、ホントの勝負じゃない。

冷静沈着に考えてドンと行くのが勝負なんだからさ。

他のバクチと違って怖いのは、競馬はお金があればあるだけ買えるし、負けられるということなんだよ。持ってりゃ持ってる分だけ行っちゃうし、それに勝ったら勝った分だけ行っちゃう。これが競馬の恐ろしいところです。

競馬はレートを自分で決めなきゃいけない。

自分の生活の水準に合わせた無理のないお金で競馬を楽しむこと。これも競馬の重要なハード部分ですな。

つまり毎週競馬場に来られるような金額を設定しておいて、必ずそれだけ持ってくる。それが人それぞれ一万円でも二十万円でもいいわけです。競馬っていうのは不思議なもので、一万円持ってってても二十万円持ってってても面白さは同じだから。

給料日のあとだからとか、ボーナスが出たからとかいって、いつもよりいっぱい持ってくというのはダメ。これは大概なくなっちまいますよ。

いつもはそのスタンスで勝負してないんだから、それは無理。

麻雀の場合に代えて考えてみればよくわかると思いますが、いつもよりレートの高いところへ行ったって負けますよ。これは技術うんぬんじゃない。高いバクチには高いバクチなりの打ち方があるんですから。

だから自分の水準を守ることです。本当はいつも一円も違わないように持っていくのがいちばんいいんだよ。一万円持ってって、それをくずすところから始めるのが望ましいですね。

これはすべてのバクチに共通した重要事項です、はい。

また、負けているときに、それを取り返そうとしてどんどん購入金額が増えていくという重症患者、これもほとんどの人にありうる症状です。

いちばん本当のビギナーにはないけれども、ちょっと競馬を覚えたあたりから、なぜかみんなこれになる。

昔からポーカーゲームという悪いバクチがありますが、ビッグORスモールを叩いていて、バカなヤツは負けるまでビッグORスモールを叩くんだよ。

競馬の場合もあれと同じようなもので、何か知らないけれども負けるまでバクチの金額を増やしていくっていう症状が出ることがあります。

熱くなると最終レースに限らず、メインレースの前ぐらいからこの症状が始まっちゃうんだよ。もうすでにその時点でバクチには負けてるんです。

これはほとんど自殺行為。金を捨ててるのと同じ。

でもそういう私も、最終レースとかでは、どちらかというとその傾向があるんですよ。私もまたここのところ、そのヤバい症状にもどっちゃったんだけれども、特に自分でいけないなと思うのはね、今は全国発売のレースを買えるでしょう。そこに原因があるんです。例えば競馬場に行ったって、メインのレースを札幌&中山&阪神というように、三つ買えるわけですよね。

そうしてメインをバンバンバンと三つ続けて買ったあとに、ちょっと頭がボケる。決して年のせいではありません（笑）。

勝っても負けてもボケるんだよ。

それで自分を制御できずに最終レースに行ってしまうっていう、これはやっぱり気をつけた方がいいですよね。

少なくともこれだけは守ってほしいのは、毎日競馬をやる余裕のある人にとって、土曜日の最終レースの次は日曜日の第一レースであるということ。ただその間に一晩の休みがある。というふうに考えなきゃダメ。

だからそうすると、土曜日の最終レースだけはとりあえず自分を抑えることができますよ。それだけはよく考えてほしいですね。

えっ、日曜日の最終レース？　日曜の最終は多少はしょうがないかもしれない（笑）。日曜の最終がしょうがないっていうのはね、どうしてかっていうと、その週の勝ち負けは自分の中では、もうあらかたついてるんですよ。だから土曜よりも日曜の方が多少は冷静な判断をするんじゃないのかな。もう今週は負けだとか、勝ち負けがはっきりわかってるから。でもまあ冷静に考えてみれば、いずれにしろ最終レースだって一つのレースにはちがいないんですから。

だからそういうふうにレースにこだわること自体がよくないのでしょう。

その点でいうなら、新馬戦だから軽くいこうという考え方とか、これもよくないですね。その新馬戦に自分がこれだと決めた馬がいるんなら勝負するべきだし、それはあまりこだわらない方がいい。

勝負に最初から熱くなるっていうのはまだビギナーです。

だから、その呼吸がわかんない人は一レースからあまりやらない方がいいけれども、ある程度競馬を知ってる人だったら、勝負のメリハリというか、勝負レースを自分でコントロールすることが大切です。

実は競馬っていうのは、勝つか負けるかは、時計をとったり競馬の予想をするっていうことよりも、こういうことの方が大事なんだよ。

何かの数字にこだわる、窓口にこだわる、ということとか、最終レースに金を使いすぎるとか、競馬でいうところのハード面、ハードウエアっていうのかな。

予想そのものではなく、バクチに対する心構え、バクチの打ち方……、実は勝敗に関係あるのはこっちの方なんですよ。

それはあらゆるバクチについて、みんなそうですから。

麻雀だって手作りのうまいヤツがいつも勝つかっていったら違う。

これは勝負というものを知っているヤツ、バクチを知っているヤツが勝つんであって、麻雀を知っているヤツが勝つわけではない。ドンブリバクチなんかみんなそうです。ドンブリバクチなんかそれだけの世界なんだから。

だから競馬についてもそれは言えるわけで、ともかく細かいデータをそろえて細かい予想をする以前に、まず競馬に対する心構えというのを決めてかからなければならない。

中にはこれが自分の基準だと思って、余裕をもって百万円を持っていってる人もいると思うんだよ。そういう人はあまり「競馬塾」を読まないと思うから(笑)、つまりみなさんには絶対にすすめられないですね。

ボーナスを全部持ってっちゃうとか、今日は絶対カタいから持ってっちゃうとか、現実に百万円持っていくヤツもいると思うよ。一応持つだけ持っていこうとかね。

友だちと一緒に行く時、女と一緒に行く時、持つだけ持ってっちゃうヤツがいるんですよ。

これはいちばんヤバいよ、やっちまうから。

買うつもりはないぞって、見せ金のつもりでいて使うのはやめようって、そう思っても絶対にやるからね。

そこから人生が狂うんです。

百万円の損失は人生を狂わせるよ。

でも百万円の所得ってのは人生を狂わせない。なくなりゃそれで終わりです。

その時の記憶があるから、もっとがんばろうなんて誰も考えない。

競馬でたかだか勝ったって、百万円持っていって勝っても一千万円勝つヤツはまずいないから。百万円持っていってその百万前後の中でせいぜい二百万になるかもしれないけれども、そうなったって人生なんか変わらないんだよ。ましてやそれっきりやめるわけはないんだしね。

私が自分なりに考えてみるに、競馬っていうのは、二十代の人だったら最高に持っていっても五万円だと思う。今の世の中の、その人の収入はともかく、世の中の物価の基準からいって五万円以上の損失はでかすぎる。私はそう思います。

で、若い時分に馬券で辛抱した人、辛抱しながら長い間競馬を続けられている人は、恐らく最終的には人生の勝利者になることができますよ。

恐らく、四十～五十歳になった時に百万円持っていける立場になれると思う。

いいねえ、教育的ですねえ。

其の九……オッズ……

馬券を買う上で非常に気になる存在、それが〝オッズ〟であります。

馬券検討をして、自分ではこれだ！　と思ってもオッズを見てしまうと、つい変更してしまう。そんな経験がみなさんにもあることでしょう。

オッズが思っていたよりも低ければ買いたくなくなってしまうし、高ければ買うのが不安になってしまう。そんなオッズについて――。


ではどのように考えればいいのか。

オッズを気にしないようにするには、オッズを見ないことです（笑）。

無責任なようですが、それ以外ありません。

それはどうしてかって言うと、馬券の基本は単勝でありますから、勝つ馬がどれかっていうことを考えないと馬券は取れない。

どれとどれとどれの三つ巴《どもえ》で、という買い方とか、あるいはこの五頭の組み合わせのどれが来てもいいっていうボックス馬券で買う方もいらっしゃいますが、そういう考え方、予想の仕方でいくと、そりゃ一度や二度は取れるかもしれないけれども、トータルで計算していけば必ずマイナスになるはずです。

二十五パーセントっていう控除率がある限り、これは必ずマイナスになるから。

だからまず勝つ馬を決める。で、勝つ馬から本線を決める。それから、ヒモを押さえていく。

勝つためにはそういう買い方をしなきゃいけませんから、そうするとね、オッズをいちいち見ていたら買い目がみんなかわっちゃうわけですよ。

恐らく……オッズを見る人っていうのは、単勝オッズが一倍台だったらとにかく切っちゃうとか、連勝オッズが三倍台だったらとにかく嫌っちゃうとか、そういう考え方をする人が多いのではないでしょうか。

これは明らかにオッズに惑わされているわけですよね。

やっぱり当たってなんぼだからさ、競馬は。

せっかく自分が真剣に予想して、これだと確信して、一度は決断したのに、いざ馬券を買う段になってオッズに惑わされてしまう。これはいちばんいけないことです。

レースの前日にしっかり検討しているときは「絶対にこれしかない」と確信をもつのですが、いざ当日になってオッズを見てみると六十倍もついていたりすると、弱気な人はいきなり不安になって何点も押さえてしまいます。

悪いときは本線の予定のものが押さえになってしまったり。

こんなビビリ屋の人では勝てるものも勝てなくなってしまいますよ。

その決断一つで、勝つか負けるか、いくら勝てるかが決まってしまう。

競馬は真剣勝負です。勝てるレースはきっちりと、しかも大きく勝てるように的中させることを考えなくてはいけません。

逆にオッズを見てもいい時、あるいはオッズを確認しなきゃいけない時というのもあるんです。

たとえば本命サイドで勝負にいく時には見ます。これは私だって見ますよ。そういう時はオッズが気になってしようがないものです。

これはしっかりとその動きを見てますよ。これは見るなと言わない。絶対見るべきでしょう。オッズの〇・一の違いで勝負に打って出るかどうかが変わることだってあるんですから。

でも、これは万馬券じゃないかなとか、五十倍以上つけるんじゃないかなとか、そういう穴馬券を狙う時は見ない方がいいですよ。

だからね、どうしてもオッズを見たい人っていうのは、単勝のオッズだけ見ればいいんです。

いちばん簡単な方法は、単勝のオッズだけ書き写しちゃって、連勝のオッズは見ないこと。単勝オッズしかわからなければ、たとえば単勝が二十倍の馬と三十倍の馬の組み合わせを買おうとして、これは間違いなく万馬券だと思っても、実体がわからなければ買えるから。うん。

特に前日からの予想を、オッズを見て覆すっていうのはよくないですな。

競馬の予想っていうのはある程度、時間をかけると当たるからね。時間をかけたほうがいいんです。真面目に考えて。そうすると、より的中へ近づいていくことは確かです。

オッズを見るというのは本当に一瞬のことなんだけれども、一瞬、そのオッズを見て、前夜せっかく検討した予想を覆しちゃうってことはあるんだよ、確かに。

でも、それはやっぱり自分が確信を持っているレースだったら、絶対にそのまま買うべきですよね。

だから低い配当に大きくいく時はオッズを見る。で、配当が大きそうだったら見ないということが必要でしょう。

いちばん肝心なことはね、銭金で儲かる儲からないじゃなくて、オッズに惑わされていると競馬が上手くならないということ。

競馬っていうのは、いちばん上手くなる競馬っていうのは、馬券を買わないで予想だけしているのが上手くなるんです。

これはつまり自分で予習をして、ちゃんと検討して結論を出したその通りに買ってどうなっていくか、ということに繋がるんです。

そう、だからお金のないときとか、スランプの時っていうのは、私も昔よくやっていましたが、前の日にちゃんと予想して、競馬場に行って、馬券は買わなくてもレースをきちんと見てください。

これをやってるとね、競馬が上手くなる。

ともかくオッズは見てもかまわないけれども、オッズに支配されたら競馬は上手くならないです。

例えばね、競馬の基本は単勝なんですけれども、三百円の単勝だからといって、避ける理由はなにもない。

他のバクチで三倍をつけるバクチって大変なものなんですよ。

競馬っていうのは天井が高いから、三倍っていうと妙に低い配当に思われるけれども、他のバクチをやった場合に、三倍の配当っていうのは大きいんですから。

丁半バクチと比較して考えてみれば大きいわけでしょう。

そういうふうに考えれば三千円を投資して九千円になるというのは、けっこういい配当なんですよ。

みんな、何千円とか万馬券という高配当に慣れちゃって、そっちに意識がいっちゃってるよね。

競馬人って夢を見がちだから、それは十万円のお金がその日に一千万円になるかもしれないのが競馬なんだけれども、でも十万円のお金が三十万になったって実は大勝ちなんだよ。一万円が三万円になったって大勝ちなんだよ。

恐らくレースが終わって帰るときに、一万円持っていた人の財布の中身が三万円になっていたら、ウキウキして大勝ちだと思うはずですよ。

でもそういう人がいざ競馬にいくと、三倍の単勝が買えない。それが不思議なところなんですよね。まあ、それが面白いところでもあるんですけど。

ともかく私がオッズを見ない理由っていうのはただ一つで、オッズは誰が作っているかって言ったら、それは競馬新聞が作ってるんです。

誰がそういう発言をしたわけでもないし、馬が強い弱いって自分で言ったわけじゃない。どうしてオッズが決まるのかといえば、ほとんどは競馬新聞の印の多さ、重さで作られたものであるからね。

だから私は、オッズそのものが強さ弱さを物語るなんて、一切そういうふうには考えません。一番人気になってオッズが低いからこの馬は強いんだって思っちゃう、そうではないんです。

そうそう、専門紙の印自体、枠順が決まる前に作られるものだって知ってますか。

だから専門紙の印をつけてる人が、全部が全部、その自分の印どおりに買ってるはずはないんです。そういうふうに考えてみれば、オッズっていうのはまったくあてにならないということが言えるのではないかと思いますね。

もう少し話を加えますと、買い目の金額配分を決めるときに、どの組み合わせが来ても二倍になるように考えるタイプの人もいるようです。

これも、私は一切考えませんね。

それを考えると、軸をどっちに取るかという時に、人気のある方を取って、人気の馬との組み合わせの方を厚くっていう買い方になってしまう危険性があるわけでしょう。

それはみんな普通考えるんだよ。考えるんだけど、やっぱり真犯人は一人っていう考え方をしないと。私たちは配当を当てるんじゃないんですから。

配当を当てるんじゃなくて勝つ馬を当てるワケだから、単純に馬を比較した場合にどちらが力が上で、どちらが先に来るのか。これにつきます。

オッズで決めるのではなく、オッズに左右されるのではなく……そりゃそうですよ。これは私は一貫して言えますね。

買いたい組み合わせが二つあって、オッズが二十倍と十倍だから十倍の方を厚く買って、という考え方は私は決してしません。私は確かに穴狙いですが、だからといって高い配当の方にわざと厚く賭けるということもしない。どっちが先にくると自分が思うか、先に来そうな方を厚く、だよ。

オッズっていうのは強い弱いを決めてるんじゃないんだから。

これはもうオッズの見方の基本ですね。オッズは強い弱いをきめてるのではなく、競馬新聞に書いてある印のとおりにオッズが動いているということ。これがやっぱり大事な点でしょう。

其の十……競馬とキャリア……

最近の若い競馬ファンの方たちは、オグリキャップに魅せられて競馬を始めた、いわゆるオグリキャップ世代や、あるいはトウカイテイオー世代、メジロマックイーン世代、中には武豊世代というような方たちが多いのではないでしょうか。

古くは世の中に一大競馬ブームを巻き起こしたハイセイコー世代とか、トウショウボーイ世代、テンポイント世代、ミスターシービー世代、シンボリルドルフ世代など、ファンの方それぞれに競馬世代というものがあるはずです。

この世代というのはすなわち、競馬の世界においてはキャリアということでもあります。

ちなみに私はタカツバキ世代。競馬キャリアは三十年でございます。

とまあ、別に偉そうに言うわけではありませんが、競馬は〝記憶のスポーツ〟とも申しますように、キャリアは多ければ多いほどいい。

経験の積み重ねがことのほか大切なバクチであります。

「オレ、競馬を始めて七年だぜ」

な〜んて、友だちに偉そうに喋《しゃべ》っている若者をよく見かけますが、私に言わせれば、競馬をやるようになって七年っていうのは、初心者です。

競馬は十年やって初めて、ビギナーから、ようやく多少知っているという程度になれるでしょう。ですから、別に偉そうに言うほどのことではありません。

競馬場にくれば、七年やってるヤツなんか、石を投げればすぐに当たります（笑）。

さて、長く競馬を続けていく間には、人生におけるいろいろな障害があることでしょう。例えば就職、結婚もそうでしょう。仕事だっていつも上手く運ぶわけではありません。

サラリーマンの方の場合には、こういうことも日常的にあるのではないでしょうか。

つまり独身時代には好きなだけ馬券を買え、競馬場に足を運んでいた方が、結婚してからというもの、奥さんに財布のヒモを握られ、お小遣いを増やすことばかり考えて競馬がつまんなくなってしまうとか……。

しかし私に言わせれば「なんだこりゃ」って感じですね。

つまんなくなってしまったのなら、やめればいいんですよ。別に面白くもないのに続ける必要は何もありません。

それから、もしも小遣いが決められてるんだったら、その小遣いの中でやればいいんです。

競馬というのは必ず自分の余裕のあるお金でやらなければ、確実に負けます。だからその小遣いの範囲で楽しむことを覚えて下さい。

今は、そのために百円から馬券を買えるんですから。

実際に百円の馬券で楽しんでいる方も多いと思いますよ。

これだけは言えますけれども、競馬の楽しさっていうのは、お金の大小ではありません。百円買っても、千円買っても興奮は同じなんです。

そういう意味では、競馬は他のバクチと違うんだよ。

たとえば麻雀のレートを一回上げちゃうと下げづらいというのはあるけれども、競馬はレートを下げてもそれなりに面白いから。だから、これは自分の許される範囲内でおやりなさい。

しかし、使えるお金が少なくなったからといって競馬がつまらなくなってしまう、という気持ちは、もう一つよくわかりませんね。

うーん、これ競馬を真面目にやってないからじゃないですか。

真面目にやっていれば競馬はいつまでも面白いし、どんどん面白くなります。

競馬っていうのは切れ切れにやったらつまんない。

やっぱりある程度、連続してやっていないと競馬がわからないですから。わからないバクチはつまらない。

まあ、独身時代には一日、たとえば一万円とか二万円とか使って、結構穴狙いとかもやっていたのが、結婚すると一日何千円としか入れるお金がなくて、そういうお金を増やすというレベルが変わってきている人が多いということでしょう。

だからその中で、レートを下げて新たな楽しみを見いだすか、やめるかどっちかですよね。

かといって、無理な予算で競馬をやるってことは絶対にやってはいけない。

これは破滅します。

私もよく知っていますが、バクチで家庭が壊れるっていうのは惨めですよ。いちばん惨めな壊れ方ですよ。

やっぱりね、家庭の壊し方でいちばんカッコイイのは女だよ。

女ができて家庭が壊れるっていうのは、まずわかりやすいし、人格をそんなに疑われないしね。

いざとなったら、恋をしたんだから仕方ない、と。

これはスマートなんだよ。昔はこういうのがダメって言われたのかもしれないけれども、今はスマートですよ。

ところがバクチにハマったっていうのは、ただ、自分の意志が弱いだけでしょう。これはやっぱり格好悪いですからね。

それにバクチで家庭を壊したヤツっていうのは、とにかく人格を疑われますよ。たとえば普段の商売でつき合いのある人間でも、女好きで家庭を壊した人間というのは、必ずしもだらしない人間ではない。ただしバクチで家庭を壊した人間は間違いなくだらしがないです。それを通り越して、これは何をやってもだらしないと疑われます。疑って当然でしょう。だって、それは知れきった往生だから。もうわかりきった破滅をしてるわけですから。

バクチで破滅するヤツはその過程において、このまま行けば破滅すると思ってるんだから。そうして、毒を喰らわば皿までみたいな感じで破滅していく。これはみっともないですよ。まあ、色恋沙汰の場合は不可抗力がありますからね。もう好きで好きでしょうがないというのがある。

バクチで身代つぶすヤツはね、好きで好きでしょうがないんじゃないんですから。途中からはイヤでイヤでしょうがないはずだから。それでもう、終わりですよ。

これはよくないですね。

ですから、競馬は自分の範囲内できちんとやること。

競馬は楽しいですよ。

自分のレートでやっていれば楽しい。入れる金額が少なくても、ちゃんと予想してレースを見ればそれなりに興奮しますから。

こういう障害は、長く競馬を続けていれば誰でも一度や二度はあるものですよ。

さて話は変わりますが、最近の若い競馬ファンを見ていると、夫婦で競馬に行くってのが増えているような気がしますねえ。

なんか見てると変だよな、夫婦で来てるのってさ。

私たちの世代にとっては、嫁さんが競馬嫌いなのは当たり前でね（笑）、嫁さんが競馬好きだったら大変ですよ（笑）。家庭はどうなってるんだろうと思うでしょう。

だって、財布は同じだろ。財布が同じで二人一緒に競馬場に来ていたら、馬券だって普段五点買ってるものも十点買ってるようなものだから。これはトータルでは負けるわな。

それは、商売をやっていて、女房にそれなりにきちんとした給料を渡してあって、財布が別というのならいいですけれども、普通のサラリーマン家庭でお財布が一緒の場合は、夫婦で競馬をやってはいけません（笑）。

嫁さんは競馬嫌いな方がいいですね。

ただしね、理解させないとダメなんですよ。自分はこういう範囲の中で、道楽として、いい趣味として競馬をやってるんだってことを理解させないとダメ。

これが借金したりなんかしていると、女房は競馬やるなって言いますよ。

でも競馬は、やるなって言われてもやめられるもんではないからね。

やるなって言われたものを、たとえば嘘をついて競馬場に来るとか。そして馬券がどこから出てきて見つかって、ゴタゴタと……。

それをやっていると競馬は当たらないです。

なんか、嘘をついて競馬に来るときっていうのはダメなんですよ。

やっぱり「いってらっしゃい」と送り出されて出てくる競馬じゃないとダメ。

私はその点、結婚以来ずっと、笑って送り出されてきています。

で、そのうち競馬に行かないことがあると、女房に「具合でも悪いの」って言われるようになって初めて、健全な競馬となります。

でもそういう形に持っていくためには、自分も日頃マジメに働き、マジメに競馬をやる。

そしてマジメに女房孝行するということですね。

競馬以外をちゃんとして、初めて競馬を楽しくできるんです。

中には、競馬と麻雀のために家に全然帰らないという人も多々いますが、それはよくないですね。

まっ、勝った時にはたまには女房に祝儀をきるだの、プレゼントの一つも買って帰るだの、このくらいの心の余裕がないと妻帯者はバクチでは勝てません。

それからね、彼女と一緒に競馬場に行ってはいけないっていうのも、女房の話とちょっと繋《つな》がると思いますが、どうしてかって言うと、彼女と一緒に競馬に来たら、見栄で馬券を買うからダメなんです。理由はただそれだけ。

みんな、彼女を連れてくると、自分は競馬の名人だって顔をして競馬をやってますからね。ああいうことでは、人生を踏み誤ります。

で、そんなことで、恋の糸口なんかになるわけはないし、そういう糸口で入った恋はろくな結果に終わりません。

決して彼女を連れて競馬場に行ってはいけません。女性に対して失礼です。

彼女を連れていくに相応《ふさわ》しい場所というのは他にいくらでもありますから。

まあ最近は、若い女の人も、男より知識のある人がいっぱいいらっしゃるようですから、そういう女性とくれば面白いでしょうけどね。

私は、あんまり競馬好きな女性って知らないんですよ。（いっぱいいますよ！）あっそう。私は本当に競馬を知ってる女性と競馬場に行ったことってないし、競馬を知ってる女性って知り合いにも全然いないんですよ。

一緒に競馬バチバチやったって記憶、全然ないもん。麻雀はありますけどね。そういう女性がいたら面白いでしょうね。いい女で、競馬がめちゃくちゃ上手くてさ、よく知っていて、それで旅打ちなんて言ったら極楽ですね。それで世界中の競馬場を行くって言ったら面白いよね（笑）。

其の十一………競馬の上手いヤツ………

言い換えればこれは、正しい馬券師になるための心得ってところかもしれません。

やっぱり競馬は努力ですよ。

努力しなきゃバクチの神様は勝たしちゃくれない。漫然とやっているのでは勝てないですよ。

それはただ競馬を好きでやってるわけであって、努力はしていないでしょう。

今日は競馬でも行ってみるかって。それで馬券歴二十年っていっても、やっぱりヘボでしかない。それよりも五年なら五年、まじめに競馬をやれば確実に上手くなります。

中途半端なキャリアよりも、勝とうという執念の方が重要です。

私は毎週、絶対勝とうと思って競馬場に行きます。プラス思考でしか考えない。今日はどうあっても勝ってやるってね。

それから、ちょっと暇を見つけて午後から競馬場へ行くとか、〝午後から競馬〞で勝ってるヤツを私は知りません。

そういう人は、本当はそんなに競馬が好きじゃないと思います。

競馬の好きなヤツは、徹夜をして、たとえ朦朧《もうろう》としていても必ず一レースから参加するものです。

競馬には一日の流れっていうのがあるし、前半のレース、新馬戦・未勝利戦っていうのも、たとえ馬券は買わなくても見ておかなきゃいけないレースなんですよ。

これをおろそかにしていると、その馬の一生が全部わからなくなる。

そのくらいのことをやったって、余分なことをやらなければ人生を間違えることはないんです。

で、私は酒を飲まないし、酒を飲む時間を得してるから、その時間を考えれば競馬をやってる方が遥かに有意義です。

ところで、これはみんな誰しも経験のあることだと思うんだけれども、バクチをやっていて途中でお金を数えると負けるっていうの、聞いたことがあるでしょう。

これは言えるんですよ。勝ってる時というのは、リズムにのってるから、あるレベルのテンションを維持している。だから調子がいいんです。

ところがある程度勝つとどうしても勘定したくなる。いくら増えてるかなって。

最悪の場合は元手を財布の中にしまっちゃったりして、今日はこの浮いてる分だけで遊ぼうかと考えてしまう人もいる。

それは勝負の流れを止めちゃってるんだよ。

そのせいで負けるとは限らないけれども、少なくとも今までの勝ちパターンを放棄していることだけは間違いない。

だけど勝負の途中で、いくら勝ってるか、なんてそんなの知る必要はないわけですよ。

勝負はゲタを履くまでわからない。途中で金勘定しても何の意味もない。

仮に浮いていた分を全部吐き出してチャラになったって、それでおとなしく帰るわけではないんですから。悔しくてまた懐から財布を出してしまうんだから。そうでしょう。

意味があるのはただ一つ、勝っているその時に帰っちまうことです。

それから、金銭に関わることでもう一つ言わせていただきますと、当たった馬券は即座に払い戻しをするべきです。

馬券というのは、長い人生のうちには、紛失してしまうとか、捨ててしまうとかいう危険が多々あります。誰でもそういう経験は絶対にあると思いますが、いかがでしょう。

まあ、中には馬券を拾った経験しかないという方もいらっしゃるかもしれませんが……私はけっこう落とした経験があるんですよ。

だからそれを防ぐためにも、私はすぐに払い戻しするようにしています。

それは、自分は勝ってるんだぞという自覚と、もう一つ、バクチはカネがカネを呼ぶという縁起かつぎの面もあるんですが、実はこれは競馬に対する姿勢の問題だと言えるかもしれません。

競馬の勝ち、っていうのはすごく貴重です。計算上は勝てないものを勝とうとするんだから。

その勝ちを捨てちゃうというのは、馬券師として下の下と言われてもしかたがない。出走取り消しの買い戻しだろうが、すぐに払い戻しの列に並ぶべきです。

的中馬券を仲間に見せびらかしたいのなら、それはコピーを取っておくことですね。

さて私の場合、馬券の買い方は今も昔も同じで、タテ目は買わない……、三つどもえとかそういう買い方は今でもやらないですね。

軸馬を決めて流す。これが基本です。

でも本当に考えれば、考えるタイプの人の馬券っていうのは、みんな同じような馬券になるんじゃないの、とも思いますけどね。

だから計算上、二十五パーセントのテラ銭がある限り、まず本線一発を仕留めなければ、プラスにならないっていうのは誰でもわかることだと思います。

つまりそれをバラバラ何点も同じような金額で買っていったら、その何点に関してもすべて二十五パーセントのテラ銭が掛かってくるわけだから、どれがきてもそうは儲からない。これも明らかでしょう。

レースの流れの中で駒の上げ下げがあるのと同じ理屈で、一つのレースの中でも当然、本線と押さえがあって、本線が来れば大儲け、あとは押さえっていうような考え方をしなければなりません。

一点の本線プラス他は全部押さえ。儲けるためにはそういう買い方になる、ということは誰でも気がつくと思うんですけどね。

くどいようですが、これは非常に重要なことで、控除率二十五パーセントといかに戦うかという必勝法ですから。

で、もちろん一点勝負というのはいいんですよ。競馬の基本は一点勝負です。

でも一点勝負で、その一点だけに決められるレースっていうのはそうあるわけはないから、だから基本的にはどのレースでも勝負は一点、残りは押さえ、という考え方が勝つコツです。

変なことを言うようですが、自営業の方はいちばん気をつけなければダメですよ。

私もブティックのオヤジをしていますからよくわかりますが、商売しているっていうことは、自分のお金じゃないお金も扱うっていうことですから、競馬をする金額は決めておかないとダメです。そうしないと人生を間違えますよ。

サラリーマンはその点、強いんだよ。競馬に使える金額が最初からだいたい決まっちゃうから。

自営業者は、利益ではなくて売り上げをつぎ込むようになって、破綻を来《きた》す。よくあることですから気をつけて下さい。

ただし、その辺の金銭管理がちゃんとできてれば商売も上手くいきますので、自営業の人はサラリーマンの人より競馬で学ぶものは多いです。ぜひ金銭感覚を磨いていただきたいと思いますね。

其の十二…………競馬新聞について…………

競馬ファンにだけ通用する特殊な新聞、それが競馬専門紙、俗に言う競馬新聞であります。これは競馬を知らない方にとってはちんぷんかんぷんの代物《しろもの》ですが、我ら競馬ファンにとっては馬券予想をする上で欠かすことのできない必需品なのです。

ただし、競馬新聞の使い方、読み方にもコツがありまして、自分なりに貴重な武器として使いこなすことができれば、それだけ勝つ確率も高くなる。

それほどに重要な要素だと、私は思います。


さて、人によっては、いくつも競馬新聞を買い込んで、やたらと読み漁《あさ》る方もいらっしゃいますが、これははっきり言って逆効果ですよ。

例えばGI情報ともなると検討する時間も多くなるだろうし、それが面白いのは確かです。

でもね、情報っていうのは多いからいいかっていうと、そんなことはないんです。

それは競馬を長くやっている人間はみんなわかると思うんだけれども、情報っていうのは、

Ａ紙とＢ紙で言ってることが食い違う場合が多いんだからさ。

しかもＧⅠレースだと、そういう情報が普段の十倍も二十倍も読者に入ってきちゃうわけだから、それを冷静に判断するためには相当長く馬券を買っていないとできない。

「この新聞じゃこんなことを言ってるけど、そんなはずはない」って言えるのは、よっぽど長く競馬をやってる人だよ。その情報を本当に楽しんで予想に役立てることができるというのは相当にキャリアのある人。

つまり新聞のクセまで知って、冷静に読める人ですよ。

だからそういう人たちにとっては、確かに面白いかもしれないけれども、でも普通のファンにしてみれば、馬券を検討するうえにおいて新聞を併読することは、情報過多になりすぎます。競馬新聞は一つあれば十分ですね。

常々申しますように、馬券の検討というのは馬柱というものが最高の情報で、プラス調教の状態というのがそれに付随する重要なものであって、本来はそれ以外は要らない。

例えば厩舎がどういうコメントをしているかとか、確かにそれを信じて当たることもあるけれども、それは不確定な情報でしかないんです。

自分で判断して、ある程度確定的な結論を導きだせる、つまり負けても納得できる情報というのは、競馬新聞の中には数字で出てくるものしかないんだよね。

情報の基本はコレでしょう。

私たちの耳にはいろんな情報が入ってきちゃうけれども、ともかくどのような情報過多になっても、自分の馬券検討の九割は調教欄と馬柱と、この二つで立てること。

そして残りの一割を、何かの付随する情報で補うというくらいの気持ちが必要なんじゃないでしょうか。

同様に情報過多ということで話をひろげて考えてみると、重賞とかGIレースという大レースが、必ずしも勝負するレースとは限らないワケ。

今はGIウイークともなると、週の途中でいろんな予想行為が入ってくるでしょう。

例えば、JRAが流している調教フィルムを見たって、アレ、予想行為をしているとは思いませんか？　ある一人の評論家が、馬の調子は良いとか悪いとか言っちゃうんだもん。あれはいけないことだと思うんだけど。

言うのは勝手だけど、それは本人がそう見えたのであって、そんなの実はわかんないワケだろ。私が見たら全然違うかもしれない。

だからそういう情報というのも実は不確定なものだと思うんだよね。それがもしも物凄く確定的な情報だったら、JRAはあんなことできないって。

ああいう、個々の人間の主観的な情報っていうのは信じちゃいけない。馬券を買うという平等な意味から言えば、予想家も一ファンもまったく同じリスクを背負うわけだから、予想家が言ってるから間違いないとか、そう考える方がおかしいです。もしもそうなら、予想家がずっと予想家をやってるわけないんだからさ。だからあくまでその新聞の数字の中で自分の予想を立てていく。これが競馬を楽しむ方法であり、勝つための早道だと思いますね。

若い競馬ファンの方たちの話を聞いていると、どうも競馬新聞の印の影響を受けてしまっているような気がしてなりません。

競馬新聞に印がズラッと並んでいると、どうしてもそれしかないような感じがして、本命サイドに傾いてしまうのでしょう。

これはですね、競馬をやる時には、競馬新聞の印というのは一切見ない方がいいです。

中央競馬の場合にはあまりにも規模が大きいですから、それだけ競馬新聞の持つ影響力も大きい。

つまり競馬新聞の印にそって人気になるわけですが、競馬新聞の印というものは一般の競馬評論家とかトラックマンの人たちが、考える時間もなく、つける印でありますから、彼らでさえそれを正確に買っているとは限らない、という程度のものであります。

ですからそれによってオッズが左右されちまうことを考えると、やっぱりその印に頼るべきではないですよね。

あくまでも「馬柱」すなわち成績欄を基本にして、自分自身の予想をたてるということが万馬券を取るためのまず第一歩です。

競馬新聞の印に頼っていたら万馬券は取れないということを考えていただきたいですね。

それから、競馬新聞の印の中で、よく万馬券専門みたいな人がおりまして、どの新聞にも一人や二人はいるんですけれども、その人の予想に乗っかっていても、なかなか万馬券を取れるものではないです。

私が思うに、どこのスポーツ新聞でも専門紙でも、要するに万馬券屋っていう役者がいるんだと思う。一人だけポツンと◎を打ってる人がどの新聞でもいるでしょう。

その人たちは常に万馬券の予想をせよ、という役者になっているわけであって、だからその人の予想は常に万馬券になっているかもしれないけれども、それをずっと買い続けていたら必ずマイナスになる、ということは言えると思います。ですから彼らの印も頭に入れるべきではないですね。

あくまで、競馬新聞に印を付けている人も自分も、同じように馬券を買う人間だと、そういうふうに考えなくてはいけない。

それは、競馬場に来て隣で喋っているヤツの言葉が耳に入るのとおんなじだから、一切無視すればいい。

私は誰がどんな印を付けてるかなんてほとんど考えていませんよ。

それからね、例えば今日はこの人が当たってるとか、そういう考え方もダメですね。だって今日はこの人が当たってるって言ったって、その人がその予想どおりに買ってるとは限らないわけだから。

で、一理あるのは、一緒に行った人間で今日当たってるヤツ。そいつに乗るっていうのは、バクチの定石として、これはあります。

この人間はホントに買ってホントにツイていて、当たってるんだから。それに乗るっていうのはアリだと思います。

それからもう一つ言えば、万馬券を取る一番の近道というのはやっぱりパドックだと思う。印を一切無視してパドックを見た時に、非常に気合の乗っている馬とか、踏み込みのいい馬とか、元気のいい馬っていうのは、人気にかかわらず激走する可能性があるのです。

そういう時にその馬から買って万馬券を取るっていうのは、これは競馬を長くやってる人の万馬券パターン。私の万馬券パターンもそれです。

だからまずパドックの見方を身につけるというのが万馬券を取る早道でありましょう。

競馬新聞に関してもう一言。

私が考える理想の競馬新聞。

競馬新聞というのは、折ったり畳んだりというのがすごく不自由なんですよ。

ぜひ小冊子にして、綴《と》じてあるやつにしてもらいたいですね。どうしてできないのかって、私はずっと思ってたんですよ。本来はこの形の競馬新聞というのが、競馬新聞がダブルサイズに大きくなったときにできてなきゃおかしかったと思うんですけどね。

昔の競馬新聞のサイズというのは、みんなタブロイド判だったんだよ。

あれが全部いっぺんに大きくなって、しかも中にも二枚入るようになったんだけれども、私は不思議でしょうがなかった。

コストの問題なのか、それとも綴じる手間の問題なんでしょうか。

編集は大変だろうけど、じゃあ五百円でもいいんじゃない。このタイプだと新聞を保存しておくのに便利だしね。

競馬新聞はとにかく保存しておかなくてはダメです。

ぜひとも新聞を保存しておくという習慣を大切にしてほしいものですね。

あとの問題は当たるか当たらないかでしょう（笑）。

ただ競馬新聞というのは本来、同じ競馬新聞をずっと使わなきゃダメ。だから新聞を急に変えるというのは危険なことなんですよね。

新聞の善し悪しなんてそんなにないんです。

それを使うことに慣れることです。同じ新聞を使い続けることが大切。小さなクセはどれにもあるし、使い続けることによってそれもわかってくるんだから。

其の十三……敗因よりもまず勝因……

何度も申しますが、競馬というのは考え過ぎて損はないんです。これは悩みすぎてしまうとか、優柔不断で決断力がないとか、そういうことではありません。馬券がハズレても、それはあくまでも結果論であって、考えないで買うよりも考えに考えて勝った方がいいに決まってるんだから。

それがレースを〝読む〟力になる。

レースが終わった後で「推理の過程でどこが間違っていたんだろう」と復習をすることももちろん大切ですが、それ以上にまずはレース前にとことん考えるべきでしょう。

しかし、レース結果を分析する時に、みんな〝敗因〟ばかりを気にするんだけれども、あれはどういうことでしょう。

〝敗因〟はあまり考えない方がいいです。

「ああ、やっぱり馬体が重かったのか」とか「ペースが合わなかった」「不利があった」「今日はタイムが速すぎた」とかさ。

それよりも〝勝因〟だよ。この馬が今日どうして走ったのか。こういう馬体でこういうパターンだと走るんだ、ということを、実はみんな忘れちゃうんですよね。

自分が買って負けた馬のことはよく覚えていても、当たったレースの時は浮かれちゃって〝勝因〟をしっかり分析したりしないでしょう。

そこが勝負師として甘いところだよな。

勝った馬の「勝った」という記憶だけがあって、「この馬で儲けた」という記憶だけが残っていて、次もその馬を買ってしまう。みんなそうして負けていくんです。追っかけてハマってしまうということですよ。

自分でも何となく身に覚えあるでしょう（笑）。

ところが冷静に勝因というのを解読していれば、「この前はこういうレースだから勝てた」というのがわかっているから、次走がそのパターンにあてはまらなければ買わなくてすむんです。

その馬の勝ちパターン、負けパターンまで覚えていく、ということ。これがわかるようになればしめたものですよ。

〝敗因〟以上にまず〝勝因〟。

まあ、これは人生にも通ずるところがあります。

調子のいい時は、浮かれあがっちゃって結果だけに満足してしまう。なぜ自分がそんな好成績をあげたのか、原因を究明しようとしない。だけど負けた時は頭が暇ですから、きちんと反省するんだよ。

競馬って、そういうレースそのものの予想のノウハウじゃなくてさ、心構えみたいな部分っていうのが本当はいちばん大切なハード部分なんだろうね。

其の十四……GIも未勝利戦も同じ……

春秋はGIというビッグレースが毎週のように続く競馬シーズンであります。でもデカいレースだからといって必ずしも勝負しちゃいけない。私はまったくそんなことはありません。

レースの格で馬券の額は変わるものじゃないですよ。私は、実際にGIの日に馬場に行ったって、勝負レースは他にあることの方が圧倒的に多いですね。

まあ、どう言っても競馬は行われるわけだから、ファンとしてはその流動的なさまざまなレースの性格にいかについていくかですよね。これも競馬のハードウエアの中で重要な要素の一つでしょう。あくまで自分の年間トータルで勝つか負けるかということを念頭に置けば、やっぱりそう考えざるを得ない。

ファンの中にはGIだけ馬券を買う人って多いと思う。

それはそれでいいんだけれども、年中競馬をやっている人は、GIだから勝負だとか、未勝利だからケンだとか、そういう考え方は改めるべきです。

中には、GIレースになるといつも以上にお金を使ってしまう人もいらっしゃる。いつもの倍くらい使ってしまう人もいるはずです。

お金を賭けているのはおんなじなんだから、まずその認識を改めないとプロとは言えないよな。

あとで後悔しても遅いんです。

場合によっては、ジャパンカップの日に競馬場に行っても、未勝利戦で勝負をしてジャパンカップはケン、これができるのがプロですよ。そのレースがGIだとは思わないで、あくまでもその日の第十一レースだと思うこと。そう思って競馬をやることが大事じゃないかな。同じチャンスと同じファクターを持ったレースが、一日に十二回繰り返される。そのどこで勝負しようが、どこでケンしようが、それは自分の自信によってやるべきです。

競馬を長くやっている人はみんな同じ考え方をしていると思いますよ。

「今日の勝負レースは何だい？」って聞くと「今日は六レース」という答えが返ってくる。これがホントのプロの答え。そういう平たい考え方をしないと競馬には勝てません。

それができない人は一般のファンのレベルまで下がって、重賞レースだけをやることです。それなら数字的な確率からいってプラスになる可能性はかなり高いと言えるかもしれません。

「今年の収支はどうですか？」って聞いて「トントンです」という場合は、大体負けてる場合がほとんどだけれども、メインや重賞レースだけをやる人なら、本当の場合もあります。大いにある。しかし、全部のレースをやっていてトータルでプラスというのはほとんどないですね。

周りに踊らされてはいけません。

別にＧⅠレースだからといって配当がいいわけではありません。だからホントは控除率を、未勝利戦は二十五パーセント控除するけれども、ＧⅠ戦の控除率は二十パーセントにするってことになったらかなり面白いと思いますよね。そういうのやったら面白いと思いませんか？

メインレースだと配当が倍づけだとか、そうなるんだったら話は別だけどね。

百億円、馬券が売れたら控除率を一パーセント下げるとか……理屈には合うよな。

売り上げが上がってるんなら、その分控除率を低くするっていう考え方は商売上あると思うんだけれども、まさかＪＲＡがそういうことをやるとは思えない……。

それはともかく、明らかに日本の競馬はバクチですから、ギャンブルですから、そういうふうに考えれば、ＧⅠレースという名前に惑わされてたくさんのお金を入れるというのは、愚の骨頂であります。

これでは競馬を覚えられないですねえ。気を付けていただきたいと思います。

競馬を本当に真剣にやるためには、必ず競馬場に行って一レースから競馬をやるというふうにやっていかなければ上手になりません。

強い馬というのは、必ず一番下のクラスから、新馬戦からスタートして、段階を踏んでオープンまで育っていくわけだから。その経緯っていうのを見ていないとわからない。

だから勝負レースをキチッと決めるというのが大切なんです。

勝負レースというのは何かといったら、わかるレース。私でも誰でもそうですけれども、十二レースあるうちの全部がわかるわけではありません。ただし、よーく考えれば十二レースのうち、一レースか二レースは非常に高い確率で勝てるだろうし、これは取れるだろうというレースがあります。それが勝負レースであります。

だから毎度毎度GⅠが勝負レースっていうのはダメですよ。新馬戦もGⅠレースもバクチはバクチ、同じものです。

ただしGⅠの方がデータが多いから予想がしやすい、買いやすいっていうことは確かにある。新馬戦の何にもデータのないレースで勝負ってのはしづらいのも確かです。できないわけじゃないけれども、しづらい。だからこそ余計に真剣に、本当にこのレースで勝負していいのか、このレースは勝てるのか、というのを判断していただきたいと思いますね。

其の十五……国際化について……

ＧＩの宝塚記念が外国馬に開放されるなど、競馬の世界でも近年国際化の動きが目立っています。

でも馬券を買う身にとっては、国際親善で交流レースをいっぱい作られたんじゃ、かなわないですよね。それがひとつ増えることによってローテーションが変わったりして、他のレースまでわからなくなっちゃうんだから。

私は今でも国際レースはジャパンカップだけでいいと思っていますよ。それにしたって、お祭りで馬券を買ってるだけで、祝儀だと思っているくらいです。

やっぱり祝儀を一年に五回も六回も出せないよね。そりゃ祭りはめでたいけどさ（笑）。

混合レースが増えるのはかまわないと思うんです。

でも、一つ問題があるのは、これだけ多くのレースを混合レースにしたにもかかわらず、なぜ四歳クラシックが混合にならないのかという、この矛盾は残る。

これは今後の大きな問題点だと思いますよ。

結局ね、血統をどのようにしていくかっていうのは、それはインサイドの問題であって、ファンの問題ではないんだよね。

ファンにしてみれば、その馬がアメリカから輸入されたものであるかどうか、あるいは向こうで種付けたものであるか、日本で付けたものか……そんなの関係ないわけですよ。だから極端な話をすると、馬産地が困ろうが困るまいが馬券を買っているファンには関係ないわけであって、そのへんがちょっと手前勝手のような気はするけどね。

もうこれからは父内国産《ちちないこくさん》という考え方は無理じゃないですか。

そもそも父内国産っていう考え方、私はおかしいと思うんですよね。

じゃあ、その父内国産っていう馬は、本当にずっと純血の日本馬なのかっていうと違うわけでしょう。で、オヤジは日本で生まれたけど祖父は外国人だとか、そういうことだからさ。それで父内国産ってことさらに言うのはおかしいと私は思いますね。

それは競馬会が考えていることであって、競馬会にしてみれば、例えばメジロライアンの子供が勝ってライアン、ライアンって盛り上げるように言ってもさ、私たちはそういうのはあんまり関係ないんです。内国産馬が勝とうがどれが勝とうが。

じゃあ、父内国産馬の馬券がはたして恩情馬券でいっぱい売れるかって言ったらそんなことはないでしょう。やっぱり、強いサンデーサイレンス産駒《さんく》の馬券ばかりが売れているわけですからね。

馬産地育成、内国産奨励って、これは昔の理論だと思います。

外国産馬攻勢が始まって、ＪＲＡは外国産馬ダービー・ＮＨＫマイルカップを創りました。過激なことを言うようですが、しかしそうすれば、本来のダービーがお留守になることは十分にわかっていたはずでしょう。これはＪＲＡの壮大なミスだと思いますよ。

その馬が生まれた場所がどこであれ、ファンにとっては、デビューから見ているわけだし、持ち込み馬だろうが外国産馬だろうが、何にも違いはないんだよ。

ファンあっての競馬というのなら、つまらないダービーを見せられるファンの立場にもなってみろって言うんです。

内国産馬の保護と言いますが、これが軍馬の養成という時代ならまだわかりますよ。でももうそんな時代じゃないでしょう。

要は、ダービーが真の四歳馬ＮＯ．１決定戦として、後世にまでその意義を持てるような形にしてもらいたい、ということなんです。

そこで私は考えました。

ダービーは外国産馬除外ではなく、すべての四歳馬を対象にＮＯ．１決定戦として行う。

文字通り〝最高峰〟ですよ。

その代わりに、距離は別として、ＮＨＫカップを内国産馬限定戦として行う、というのはどうでしょう。

内国産馬保護のためのＧⅠということで、理にもかなうと思うのですがいかがでしょうか。

このままじゃ、ダービーの威厳が年々失われていきますよ。おそらくダービー出走馬が、秋になって大レースで外国産馬と一緒に走るようになれば、やられてしまうのでは？

ダービーで上位にきたことが何の勲章にもならない時代になりつつあるんだよ。

これは大問題だと思う。

外国産馬って安いもん、お買い得なんですよ。日本で高い高いといわれるサンデーサイレ

ンス産駒と同じくらいのクラスと思われる馬たちを、サンデーサイレンス産駒より安い値段

で買ってこれるんですから。

朝日杯三歳ステークスを勝ったグラスワンダーが約三千万円？　ねえ、それを考えたら、

やっぱりこれはちょっとまじめに考えないと、ダービーが有名無実化するぜ。もう今が限界

じゃないですか。

それと、日本はやっぱり馬の値段が高すぎると思う。

これからラムタラの仔だとかが出てくると、もっと高くなるのでしょうね。

これは去年、私が個人的に共同馬主クラブの会員になってみて思ったんですけれども、ああいう形でもないと、普通の人はそんな高い馬を持つことはできないんですよ。

個人で四千万円っていったら家が買えちゃうんですから。

私は半額でいいと思います。だから内国産馬の値段が半額になって初めて、外国産馬とのバランスがとれるんじゃないのかな。どうもそんな気がします。

このまま進んでいくと良くはないですよね。

外国産の強い馬がこんなに増えすぎて、限定レースをするっていうこと自体がどう考えてももう無理だって。

もういっそのことクラシックを開放するしかないでしょう、クラシックを全部。これはしようがないですよ。

天皇賞も開放するべきでしょうね。何をもって一番強い馬とするのか、といういちばん重要な基準が曖昧《あいまい》になっているんですから。

だって考えてみて下さいよ。朝日杯三歳ステークスっていうのも同じＧⅠで、クラシックではないにしろ、どう考えたって、三歳ＮＯ．１を決定するレースじゃないか。その三歳のチャンピオンシップである朝日杯には外国産馬が出ても良くて、皐月賞になぜ出ちゃいけないかっていうのは、実は根拠が曖昧だと思います。

それは伝統の三冠レースということに、ただこだわっているだけであって、遠い昔にイギリスのまねをしたことが未だに変わらずに残っているというだけのこと。

そのへんを、何とか手を考えないと、朝日杯三歳ステークスの勝ち馬の方が皐月賞馬より強いとかいうことになると、やっぱりおかしいですよ。そして、もし仮に強い皐月賞馬が出たとしても、その馬と外国産馬のエースが戦って決着をつけてくれないと、ファンとしては全然つまんないわけでしょう。

私は、朝日杯三歳ステークスというのは、GIになってから非常に重きを置いているレースで、サクラチヨノオーとかミホノブルボンたちがここを勝ってクラシックに向かったように、クラシックにつながるレースとして注目してきました。

それが今じゃ出走メンバーを見た瞬間にガクッとしちゃうんだよ。これだけびっしり外国産馬が朝日杯に出てきていて、それがごっそり皐月賞に出てこないということになるとファンも予想しづらくてしょうがないって。

力の比較の材料が少なすぎるんですよね。参考レースのはずがまったく参考にならない。競馬っていうのは絶対的な時計で走るわけじゃなくて、馬同士の相対比較ですからね。だからこう外国産馬が強いと相対比較が出来ないんだよ。

話は変わりますが、私は昔、すっごく簡単な予想法ってのをやってた時があったんです。

今みたいに馬が多くなくて、もっと出走馬が少なかった頃、勝ち負け表だけで考える方法。コイツはコイツに勝ってる、コイツはコイツに負けてる、というヤツ。

要は出走馬の対戦表ですね。

これが結構、四歳クラシック路線とかでは有効でした。

厳密に言うと、その着差だとか、例えば一馬身の差ならそんなに重きを置かないが、これが三馬身差になると決定的な負け、とかね。

そういうふうに考えていって、結構いい馬券を取ってた頃があったんですよ。

その他のファクターは一切いらない。時計だとか馬場差だとか一切考えない。ただの馬の勝ち負け、つまり絶対能力の相対比較、これだけで予想してずいぶん取っていた時がありました。

今でもこの予想方法は正しいと思ってますよ。競馬は時計だけではないんですから。人間でもよくあるでしょう。何回やってもコイツにはかなわないっていうのが。これは馬同士でも確かなんですよね。

だからそういうことを考えていくと、その予想方法がまったく通用しない現状、というのはどれをどういうふうに予想していいのかわかんないってことになるでしょう。

ま、そういうわけで外国産馬の問題というのはこれからよく考えないといけない大問題ではないでしょうか。それも早急に、早急にです、これは。

だいたい持ち込み馬は走ってもよくて、外国産馬は走っちゃいけないって、これもおかしな話でしょう。じゃあ飛行機の中で生まれたらどうするんだよ、なあ。このへんの線引きも曖昧。

外国で受胎したんなら外国人だと思うけどね。少なくとも父親の国籍は外国ってことでしょう。結局はどういうふうにやっても線引きは難しいんです。

だからこれはなくする他はない。完全自由化して、自由化の中でいかに企業努力をして牧場が頑張るか、ということの他に、公正な競馬をやっていく方法はないと思います。

外国産馬という印がついている以上は必ず、どういうふうにしたって、どこからか文句は出るんです。人間になぞらえて考えてもわかるように、日本人と外国人の線引きは、外国で仕事としての生活を体験しているかどうか、それしかないのではないでしょうか。

番組改革とか重賞の数とかよりも先にやらなければならない問題でしょう。根元的な問題ではないかと思いますね。

其の十六…………日本馬の海外遠征について…………

九八年の夏、日本競馬史上に輝く大記録が達成されました。

日本所属馬が相次いで海外のＧⅠを制覇するという快挙を成し遂げたのであります。

まずシーキングザパールがフランスのＧⅠ、モーリス・ド・ギース賞（芝一三〇〇メートル）に優勝し、次いで一週間後、タイキシャトルが同じくフランスＧⅠ、ジャック・ル・マロワ賞（芝一六〇〇メートル）に優勝しました。

いやあ、感激いたしました。

二頭とも、外国生まれの日本調教馬ですが、日本所属馬が相次いで世界のＧⅠを制覇するという快挙は、我々日本の競馬ファンにとっても、世界中の競馬関係者にとっても、ビッグニュースでありました。

今後、日本の競馬は、さらに国際化へ向けて動き出していくのでしょうね。

が、こんな大事件なのに、日本のマスコミはどうしてもっと大々的に報道しないのでしょう。ジャイアンツのつまんない野球なんかより、よっぽど大事件だと思いますよ。テレビも生放送でやればよかったのにねえ。

直線だけの競馬は実に見応えがありました。一三〇〇メートル、一六〇〇メートルというレースが直線だけで行われるんですから、日本とは桁が違いますよね。

直線だけだと不公平がないから本当に強い馬が勝つ、と言えるのではないでしょうか。それにしても二頭とも完璧な競馬だったと思います。

シーキングザパールの場合は、一度イギリスに入ってからフランスに移動したでしょう。あれが画期的でしたね。

日本馬がこれまで負けてきたのは、システムで負けているところがあった。完調で出走させられないということがあった。

だから森秀行調教師は、これまでのノウハウを生かして、すっごくいろんなことを考えたと思うよね。

ただ、馬を長い距離、移動させるということに関しては、すでに森調教師はエキスパートなんでしょう。大したものだと思います。

そうそう、タイキシャトルはフランス遠征を、二戦の予定を変更して一戦だけで切り上げて帰国しましたね。

これには帰国後の検疫の問題があるらしいのですが、あの検疫というのはホントに障害だと思います。

だって、あんなのは合理的に早くしようと思えば、いくらでも早くできるものでしょう。何も解剖して調べるわけじゃないんだから。

四週間なんて、どうしてそんなに長くかかるんだろう。

そういう意味で言うのなら、人間だって検疫しなきゃいけないことになりますよね。ましてや、海外に遠征する馬なんて、人間で言えば超ＶＩＰなんだから、あらゆることに優先して数日間で済ませるべきですよ。

外国ではそんなことはないんでしょう？

日本の場合、お役所の管轄《かんかつ》の問題ですか？　競馬の管轄は農林水産省でも、検疫は厚生省なんですかね。

そうだとすると、まあお役所のやりそうなことですなあ。他のお役所のやることには知らん顔して協力しない。自分の目の前の仕事しかしないお役人根性という感じですな。

これから海外遠征に出かける馬も多くなるでしょうし、日本も早く検疫対策を講じてほしいですね。

二頭がフランスのＧＩで勝利を挙げたことは、もちろん、これまで幾多の名馬たちが繰り返してきた失敗の経験が、プラスに生かされたということでしょう。そして今後、遠征していく馬たちには、絶好のお手本となったことでしょうね。

これまでの日本馬の海外遠征史を考えてみるに、日本の一流馬が欧米に出ていくと壊れることがとても多かったように思います。

私は、負けて帰って来るよりも、あの方がイヤでした。

たしかシンボリルドルフもアメリカに連れていって壊れたよね。最近ではホクトベガのことがあり、サクラローレルのこともあり。

それぞれを考えてみると、走った競馬場もちがうし、全部状況が違うんですよね。だから馬と、それに周りにいる関係者にね、プレッシャーがすごくあるんじゃないかと思う。

やっぱり騎手が自分のミスだって言っているように、日本ではいつも冷静な騎手が普段とはちがう乗り方をしてしまうわけで、ああいう感じが騎手にも関係者にも、みんなにあるんじゃないのかな。

それがまず大敵でしょうね。

シンボリルドルフにしても丈夫な馬だから、ああいう丈夫な馬が壊れちゃうっていうことは、そういう無理なレースをするなり、無理な調教過程を踏むなり、なんか周りがすごいプレッシャーがかかってるんじゃないのかな、と思います。

みんなが慣れないことをやっているわけですから。

その結果があういう故障につながって、だからそのへんを考えなきゃいけないんじゃないかと思うんだよな。

そうするとやっぱり場慣れしかないんですよ。だから勝つためには、まだどんどんどんどん挑戦させていく必要があると思う。

例えば、こういうことをやる人がいるかどうかわからないですが、絶対にGⅠ級というような名馬だけを連れて行くのではなくて、条件級の馬とか、GⅢレベルの馬とか、それを叩き台だと思って挑戦する。

そうして関係者も馬もみんなが外国の雰囲気にも慣れていくっていうことを積み重ねないと海外のGⅠは取れないだろうし、取っても無理な取り方になって、また馬を壊してしまう可能性があると思う。

例えば私たちが海外旅行に行く場合でも、初めて行った時はハシャグわけで、でも二度三度と同じ場所に行ってるヤツというのは落ち着いているでしょう。

ああいう慣れ方っていうのが、今後競馬関係者全体に必要になってくるんじゃないでしょうか。

だからさほどプレッシャーのかからない香港の競馬では、フジヤマケンザンが勝ったように、日本馬でも健闘していますよね。あれは関係者がリラックスしてると思うんだよ。香港は近いっていうこともあるし、おそらくみんなが行き慣れてる場所でもあるだろうし。

いちばん環境の違うドバイの競馬とかヨーロッパとか、そういうところで結果を出せるようにならなければ、世界には太刀打ちできませんね。

シーキングザパールの勝利も、タイキシャトルの勝利も、そういう意味でこれまでの経験がようやく実を結んだということでしょう。

ああいうのはやっぱりいろんな馬を持って行って、何度も何度も試して慣れていくしかありません。お金は掛かることだけれども。

その背景には、日本だけがすごく賞金が高くなっちゃったっていう、これも一つの障害になっているのでしょう。日本にいれば何億か稼いだかもしれないんだから、それを捨てて向こうに行くというのは、オーナーとしてはかなり厳しい。だからそのへんの問題があるよね。

海外のGIって、GIとはいっても日本でいえば五百万下クラスくらいの賞金でしかない場合も多いですからね。やっぱりあれは名誉を取りに行くようなもので、そのへんを割り切って誰か挑戦していく人がいないとダメでしょうね。

其の十七……予想の柔軟性……

　近年は特に番組の改革なんかがあって競馬が難しいです。だからこれまで以上に、着順に惑わされない予想が必要になるんじゃないでしょうか。

　競馬の予想の基本というのに、弱い馬と戦って勝ったヤツよりも、強い馬と戦って負けたヤツの方が強い、というのがあります。よく専門家が「この馬はこれまでキツイ競馬をしていない」とか言いますが、これは現実にあります。今はこれが予想する上でのネックになると思いますね。

　つまり、競馬の予想っていうのは柔軟性がなきゃいけない、というのが第一のことであって、一頭の馬のことを思い込むのはよくありません。

　レースにはいろんなファクターがあって勝ったり負けたりするわけですから、この前はこうだったけど今度はどうか、という柔らかい考え方をしないと、痛い目に遭います。故意に、ある馬を追いかけたり見くびったりすると、どんどん馬券をはずしてしまいますよ。すべては相手関係のあることなんだから、一頭の馬を中心にして考えてしまうと視点がずれてしまうんですね。

私も過去には随分そういう過ちも犯しました。

予想における柔軟性というのはお金がかかっているだけに難しい。

でもケン（見＝見送り）のできるヤツは、これを身につけることができる。勝負レースとそうでないレースの区別が自分なりにできて、なおかつ冷静にレースを見ることのできるヤツ。ある一時期でもいいから、レースを絞って勝負するという習慣を身につけると、意外に見えてくるものなんです。

ただしケンをしている時でも、こういう見方をしちゃダメだよ。

〝もしも買ってたら当たってた〟〝買わなかったから儲かった〟とかね。

この考え方はケンには入らないから。ケンというのはまったく冷静に客観的に、「ふーん、なるほど」と言って見るのが正しいケンです。

でも中には、ケンをしていても馬券が上手くならないヤツ、というのもいるんですよ。どうしてかと言うと、買わないからってレースを真剣に見ていない。お茶を飲んでる。こりゃダメですよ。ケンする価値もない。

ケンをするっていうことは、見るからケン（見）って言うのです。

ジーッと目を見据えていつも以上に真剣に見てなきゃいけない。

「オレはこのレース、買いきれなかったけど、さてどうなるか」って。

それがものすごくタメになる。自分が買ったレース以上によく見えるはずですから。ひたすら冷静に……これが正しいケンの仕方でしょうね。

競馬はとにかく毎週あるんですから。逃げていかないんだから。

昔、パチンコが大流行した時に、毎日毎日、朝から夜まで熱くなってパチンコをやってるヤツを見て、私は、馬鹿じゃないかと思いましたよ。だってパチンコ屋はなくならないんだから。明日きてもあさって出直してきてもいいわけでしょう。

競馬もそれと同じです。

麻雀の場合は違うよ。麻雀はそのメンツが集まった時に、今のうちに取っておこうっていうのはありますけどね。

競馬の場合は、胴元はつぶれないし、永久にやるから、決して慌てちゃダメです。買わなかったら損だ、みたいな考え方っていうのも必ずあるんですが、競馬はもっと悠然と構えて、今日もある明日もある来週もある、くらいにのんびりと余裕を持って考えることです。そうじゃないと冷静に見られない。

勝っている時にではなく、負けている時にハマっていくっていうのがバクチの泥沼パターンだからね。負けてる時ほど冷静にならなきゃ競馬は勝てません。

これはあらゆるバクチのコツですが、勝ちに回った時っていうのは運を落としちゃダメ。一レースで勝ったからって、その日ガンガン行ったらやっぱり負けてしまいます。だからもし一レースで十万円勝ったとしたら、今日は負けずに帰るぞ、ということはまず心掛けないとね。そうするとそのツキはまた翌日に持ってこれるから。

プラス千円でもいいから、オレは今日は勝ちだ、と思って帰るということは非常に大切なことです。

勝って帰る、これはあらゆるバクチに共通している目標でしょう。

勝ちに回ったらガードを固くする。これは鉄則ですよ。

其の十八………収支メモ………

今からでもいいから、みなさんには競馬の金銭的な収支、勝敗をぜひ記録してほしいと思います。

いくらやって、いくら勝ったか、負けたか。

みんな、細かくやろうとするから続かないんですよ。

私の知り合いで細かくやってるヤツもいるにはいますよ。

ハズレ馬券を全部持って帰って、それをトータルして全部計算してるヤツ。でもそれじゃ普通の人は続きませんよ。

例えば年の始めから収支メモをつけ始めたとしても、だいたいの人は二月の東京新聞杯あたりで面倒くさくなってやめちゃうんです。負けてるから面倒くさくなる。

でも負けは負けなりに、自分のノートをきちんとつけていくことが大切なのです。皆さんもたとえ負けていてもこれだけはきちんとやってほしいですね。

もちろん私もどんなに負けがこんでも、これだけは実践していますよ。

だから朝出掛ける前にちゃんとサイフを見て、帰ってきた時にも見て、今日はいくら使ったんだ、とそのプラスマイナスをつけていく。これは最低限押さえておいた方がいいですね。サイフに緊張感を持たせないといけません。

ほとんどはマイナスかもしれないけれども、ただそれを習慣的につけていくことによって、より自分の競馬が見えてくるし、この習慣が勝ち組に回るための第一歩ですから。これは間違いない。

それからね、私は毎年年末に、その年の競馬の収支トータルと競馬にかかった経費を出すことにしていますが、経費を計算しない競馬ファンが多いというのはおかしいと思いますよ。経費ってのは、一般的な競馬ファンで五十万円、真面目に競馬をやっている人なら百万円は使っているはずです。指定席代、交通費、新聞代、等々。

現実にはその百万円という経費を頭の中に入れておかなければ、本当に勝ったことにはならない。

だって普通の勤め人が給料をもらって、自分の道楽に百万円使うような道楽が他にありますかって。ないですよ。

だから競馬をやるからには、楽しんだ上にその百万円までカバーしなきゃいけないということです。一年間で百万円っていったらデカイもん。そうしないと家庭崩壊につながるかもしれない。これはやっぱり真剣に考えた方がいい問題です。

そもそも競馬でトントンにするっていうのはものすごくしんどいことなんですから。それは競馬という一年のサイクルを、例えば麻雀の東南戦と考えてみるとわかりやすいでしょう。自分の点棒はいつも見えてる。そして、後半になって自分が負けてる。じゃあ当然これをプラスにもっていくためにはどういう手を作らなければいけないかって考えるでしょう。その考え方だよ。バクチってのはそういう風にやらないと勝てない。

つまり自分の置かれている立場、プラスマイナスをしっかり把握しておきなさい、ということです。

プラスにする戦い方という意味では、これは一日のサイクルの中でも実は同じことが言えるんですけどね。

競馬をやる以上は、競馬を通じてお金の重みを知らないといけない。

いい競馬のやり方をすれば、よりいい金銭感覚が身に付くから。私だって商売ではなく、競馬を通じて経済感覚を鍛えてきたんですよ。それは今でも役に立ってる。やっぱりきっちりバクチをやってるヤツっていうのは有能なんだと思います。

そもそも大袈裟な出納帳に書き込む必要はないんですよ。手帳の端っこの方にメモするだけでいいんですから。その日にいくら負けたかは誰だってわかるはずでしょう。それをメモするだけなんだからさ。

何故みんながやらないのか、不思議でしょうがない。

誰でもそれをやるのが面倒というわけじゃないんですよね。要はやる気になるかならないか。

でも、やる気にならないっていうことだけで、もう勝負を捨ててるじゃないですか。

もうそこで、ある程度捨てばちになってるわけ。どうせ負けてるんだからとか、考えるのもイヤだとか。それは捨てばちですよ。

これは一年間の競馬という長いスパンで考えているけれども、例えばこれが一日のことだと思ってみて下さい。

一日のことだと考えた場合、これではいつまで経ってもバクチは勝てません。

いくら負けてるのか自分でもわかっていないってことだから。考えるのもイヤだって言いながら、それでもバクチをやり続けてるってことだから。これはもうその場でやめた方がいい。

いくら負けてるかさえ把握できないようでは、自分の人生に責任が持てなくなっちゃうよ。

わかんないっていうのがいちばん怖いんです。

生活と道楽をごちゃまぜにしていることになっちゃうんですよ。

これは言ってみれば、妻妾同居の生活と同じです。自分の家に女房と妾と二人置いてある、というのとおなじようなことですから、これは取り留めがない。

だからどこかで自分のモラルというものをキチッと決めておくこと。

道楽ってものはそういうものです。

もしも八レースくらいでそんな状態になっていたら、その後は絶対に勝てるわけがない。挽回は不可能ですよ。

収支メモは、それがただ一年という長さに引き延ばされただけなんです。メモもつけずに、一年間の収支計算を頭の中だけで整理はできない。だからこれはやっぱり途中でやめずに続けていただきたい、と思います。

負けていたっていいじゃないですか。メモをつけたからって負けが増えるわけじゃないんだから。いくら負けてるかっていうのを知る必要があるんです。

ですから是非ともみなさん。

来年は、競馬をいつもやっている人は、収支計算を最初からつけて最後までつけきるように。手間でいったら、こんなに簡単なことはないですよ。プラスマイナスだけでいいからやっていくべきだと思います。

馬券を買っている以上、競馬はバクチです。よく若い人でスポーツと混同する人がいるけれども、ただ声援を送るだけならそうでしょうが、馬券を買ってる以上はバクチです。競馬のスポーツ性は決して損失の免罪符にはならないから。

其の十九…………バクチに向いてる性格…………

最近、子供がよくキレるというのが社会的な問題になっております。では競馬をする上で〝キレる〟というのはどういうことでしょう。

競馬場でもよくキレてる人は、いますねえ。あれは性格の問題なんでしょうね。

バクチの場合は「すぐに熱くなる」。

あれがキレるっていう状態なんだけれども、熱くなる熱くならない、というのは人間の持って生まれた性格だと思うんですよ。

バクチで常に熱くなる人は、これは天性のもんだから、初っぱなからバクチには向いてないと言うしかないですね。そう、初っぱなから向いてない。

競馬でもわかることですが、麻雀に例えて考えるとすごくわかりやすいですね。

つまり振り込んだ途端にカーッとなって打ち方が強くなるタイプ。自分を見失って周りが見えなくなってしまう。自分の〝手〟作りにだけ没頭してしまって、場の流れであるとか他人の捨て牌すら見えていない。毒をくらわば皿まで、っていうタイプですね。アレはそもそもバクチに向いてない。

バクチというのは己との戦いですから、対人競技である麻雀やサイコロバクチの場合でも、決して相手との戦いではないのであります。常に自分との戦い。

ましてや競馬においてをや。これは自分との戦い以外の何ものでもないから。

熱くなってるな、っていうのは自分でわかるはずなんだよ。そういうときはクールダウン、クールダウン。

そういう人が自分を管理するためには、こりゃ今日は危ない、と感じたら思い切って帰っちゃうくらいの意志力の強さが必要だと思います。

熱くなって競馬をやっていたら、お金がいくらあっても足りません。何をやっても熱くなるということは破滅につながります。

仲間と一緒に競馬場へ行くと、その人の性格は帰り道によくわかりますね。コイツは熱くなるヤツだなって。そういう人は何をやってもダメです。

だから、もし自分がそういう性格かもしれないと思ったら、競馬の場を通じてそういう性格を矯正するんだというくらいのことを考えてほしいですね。

というわけで、バクチ打ちに向いてる性格、バクチ打ちに必要なものについて、さらに考えてみましょうか。

まず第一。そりゃ決まってますよ、金銭感覚。

これが欠如しているようでは話になりません。ドンブリ勘定でやってるヤツは、勝負事は絶対に負ける。これは私の持論であります。セコイくらいの金銭感覚を持ってるくらいでちょうどいいんだよ。これがいちばん大切なことだと私は思います。

だから、私も実は見栄っ張りなんだけれども、根がセコイから、競馬には結構向いてるということなんでしょう。

二番目。あなたは冷静沈着ですか？　ということです。

少々負けず嫌いでも、まあそれは良しとしましょう。でも我を忘れてカッとなっちゃうヤツはダメ。

例えば何人かの仲間と一緒に競馬場に行くとね、他のヤツがちょっと当たっただけで悔しくなってカッとしてしまう。デカイのを当てて見返してやろうと焦ってしまう。そのうちだんだん投資額が大きくなってくる。大いなる悪循環だろ。

こんな沸騰野郎じゃ勝負には勝てません。

それから考え方に柔軟性があることも大切です。あんまり頑固に、絶対にこうだと決めつけすぎるような性格はよくない。

競馬にはレースの展開ひとつ取ってみても、無数の可能性があるわけですから、馬にしても騎手にしても型にはめてしまうのはとても危険です。自分の思ったとおりにならないことの方が圧倒的に多いんだからさ。

それに関係していえば、粘りのある予想。これも重要。つまり、熟慮できるかどうかということです。麻雀は瞬間的な判断が必要とされますが、競馬はいくら考えても誰にも怒られないし、考えれば考えるほど見えてくるものだから。

だから基本的に勉強の好きな人は競馬に向いているでしょうし、もし馬券がはずれた時でも「よく考えたら〜だった」という論理的なものの考え方を出来るようになることが大切だと思います。

「今日はひらめいた」なんて言って、カンで買ってるようなヤツはいつまでたっても上手くなるわけがありません。

でも最終的に必要なのはやっぱり決断力でしょう。他人の言うことに惑わされてしまうような、優柔不断なヤツはダメ。だいたいそういう人は何をやってもダメでしょう。

これは馬券を買う点数にも影響してくるし、こういう優柔不断なタイプほどボックス馬券を買ってしまうんだと思いますね。単に当たったからと言って喜んじゃうのはこういうタイプ。これじゃあトータルに見てプラスにするのは至難の業《わざ》だろうな。競馬は儲けなきゃ意味はない。

数あるバクチの中でも、競馬はいちばん時間のかかるバクチです。計算力もいるし、記憶力も必要、そして経験の蓄積……。でも真面目にやっていれば、その度合いに比例して上手くなることは間違いない。これは保証します。

其の二十…………複勝式馬券について…………

複勝式という種類の馬券があります。選んだ馬が三着までに入れば的中というもので、そのぶん的中確率は高いですが、勝ち馬を当てる単勝式に比べれば配当ははるかに低くなります。

多くの場合はせいぜい二百円程度、全然人気のない馬なら千円を超える配当の場合もありますが、人気サイドの馬なら百十円とか百三十円とか、時には百円元返しということもあったりします。

ある馬の複勝を一万円買って配当が百二十円なら、払い戻しは一万二千円。一万円の投資で利益が、二千円出ることになりますね。

私は複勝式馬券というのはまったく買いませんが、競馬ファンの中には、より確実性を求めて、たとえ低い配当であろうとも、この複勝式馬券で勝負する方もいらっしゃいます。

そして、最近は少ない元手で複勝を何回も的中させて転がしていく、通称複コロ馬券で一発儲けてやろうと考えているファンもいるようです。確かにこれだったら千円でスタートできますけどねえ。

これは誰でも考えることですが、はっきり言って複勝馬券というのは邪道だと思います。私の理論からいえば、複勝馬券は決して買ってはなりません。

何故かといえば、まず第一に、複勝で穴馬券を取るということは、実は万馬券を取るのと同じくらい難しいです。複勝で千円つける馬券を取るっていうことは、連複の一万円の馬券を取るより難しい。これが一つ。

ということはつまり、複勝で少額のお金を投資しても、お金は決して増えないです。

それから複コロについてですが、これ、ずっと続けて複勝を転がして取っていくっていうのは、もっと難しいですよ。

例えばその複勝が五回転がったとしますよ。で、千円が例えば三万円になったとするよ。その三万円を次の一点にはなかなか入れられない。

複勝の賢い狙い方っていうのは、ないですよ。

複勝っていうのは本来は百三十円とか百四十円とか、そういう配当を目指して突っ込むということなんだろうけれども、今はそうはいないと思うよ。

競馬のリスクということを考えてみると、つまり、なくなった時にゼロになるというリスクを考えてみると、百二十円とか百五十円の配当を期待して馬券を買うっていうことは、それはいいことではないです。ともかく私は複勝はお奨めしません。

で、複勝を狙って買ってるうちは、競馬ってのはまず上手くならないから。競馬というのは三着までに来ればいいという考え方では、もう全然ダメですよ。

それからね、極端に言えば「コイツは連を外すまい」って考え方もダメですから。勝つ馬はどれかっていう狙い方をしないと競馬は上手くならない。最近馬券が取れてないからといって、複勝馬券に走ったりしてはいけませんよ。

まず勝つ馬を考えることです。

単勝を取るのが上手いヤツっていうのは、競馬が上手い。

だから単勝との組み合わせで、よくこういうやり方をするヤツがいるよ。

基本的に単勝しか買わない。で、その押さえとして複勝を買うっていうのは私も知っています。

でもね、これはお金がなきゃできないですね。なぜかというと複勝馬券を押さえにするというのは、単勝と複勝の配当の差からいって多額のお金が必要だから。最低でも配当の差が四、五倍はあるわけだからね。つまりそれだけの押さえに投資できる潤沢な資金力を持ってる人じゃなければ、それは勝てない。いずれにしろ複勝は勝てないんだけどさ。

それにつまらない。競馬の面白さっていうのは千円が一千万円になる可能性があるという面白さだから、千円が転がって転がって二万円になるというようなやり方をするのでは、もっと面白い遊びがいっぱいあるから。それは私はお奨めしませんね。

其の二十一……………海外と日本の馬券…………

九七年の秋、私は初めて海外の競馬場に足を踏み入れました。フランスはロンシャン競馬場で行われる、ヨーロッパ最大のレース・凱旋門賞の観戦でした。

海外の競馬場はまるきり初めての体験。今でこそ海外競馬通を自称している私でありますが、つまり日本以外の国で馬券を買ったのはそのときが初めてでありました。

それでは世界の馬券通？　浅田が、世界の馬券についてお話ししましょう。

外国での馬券の買い方というのは、字で書いてメモを渡せば何の問題もありませんから、さほど苦労はしないと思います。言葉でやりとりしようと思うからわからなくなるのであって、字で書けばどこの国でもすごく簡単なことなんですよね。

まず単勝馬券。フランスの場合はＷＩＮじゃなくて、ヤニオンって言うんですよ。だから〝ＧＡＧ50ＦＦ③〟（三番の単勝を五十フラン）と書けば、それだけでもう打ち出してくれます。

まあ、他にもいろんな種類の馬券があるみたいなんですが、あんまりとんでもないのを買ったってわかんないですからね。

私が経験したのは単勝、連複、連単、三連複。だいたいそんな感じですね。

でも向こうのフランス人って、馬券の数も買わないけど、点数も買わない。

普通、三連複なんて馬券を日本で発売したら、みんな十通りも二十通りも平気で買うでしょう。ところが、フランス人は一通りか二通りしか買わないんだよ。

ギャンブルというより買い方が宝くじっぽいですね。

あと、ちょっと多く買う人は単勝馬券ですね。単勝を多めに買って、三連複とか連単はみんな一枚ずつ。

フランスの馬券は一点一枚の馬券なんです。

日本でいうBOX馬券みたいなのもあるんだけど、いずれにせよ、みんな持ってるのはペラペラの銀紙みたいなカードを一枚か二枚ですね。

通常の私たちの感覚でいえば、最低でも五、六枚は馬券を持つことになるはずなのに、そんなの誰もいないんだよ。

私なんかは連単馬券ともなると、いつもの調子で十点くらいは買ってしまう。メモには買い目がいっぱい書いてあるわけです。

で、そうやって窓口に行くと、馬券を売ってるおじさんが「おうっ！」って声を出して言うんだよ。

それで「間に合わないかもしれない、間違うかもしれない」とか言うわけ。

ずいぶんいい加減な窓口だなと思ってしまいますよね。

ともかく販売意欲もないし、やる気が全然ない。たとえば窓口が十個あったとしても、開いている窓口は二個ぐらいですから。

窓口が少なきゃ当然、行列にはなっていますから、時間がくれば締め切ってしまって馬券が買えないこともある。だから私も肝心の凱旋門賞の馬券、買えませんでしたよ。

あと、向こうの競馬で戸惑うのは、時間の感覚ですね。

昼の一時半頃に始まって、七レースか八レースやるんだけれども、とにかくゆったりしてるんだよね。で、ゆったりはしてるんだけど、なんか出走馬が馬場に出てくるとすぐにレースが始まっちゃうんです。返し馬が終わってすぐスタート。だからそのへんの時間割が日本とは全然違う。

日本の場合は、返し馬が終わったあと、締め切りまでの馬券を買うための時間っていうのが十分にあるでしょう。

それでレースが終わっても、今度はパドックに出てくるまでが長くて、馬がなかなか出てこない。

だから向こうは、やっぱり馬券を買うというようなギャンブル性よりも、スポーツ性とか儀式性のほうが強いのでしょう。

勝った馬はみんなが祝福する。勝ち馬がパドックのウイナーズサークルに戻ってくると、いちいちみんなが取り囲んで拍手で迎える。おまけに全部のレースでいちいち表彰式をやる、と。

さらに馬主かなんかがまたきて、ああでもねえ、こうでもねえってやって……、その時間が長いんですよ。その時間だけで三十分くらいかかる。

ファンの人も、予想するよりも、勝った馬の祝福を楽しんでるような。

フランスの競馬はそういう競馬ですね。

もう完全に社交場。だからみんな、あまり目をギラつかせてなくてね……。競馬オヤジっていうのも、日本のようにギラギラして生活を賭けているみたいな人はいないようですね。

歓声は上がってるんだけれども、馬券を買わないで歓声を上げているということは、あれは単に応援してるんでしょうね。

ノリは拍手に近いです。でも私は、競馬はバクチだと思っている人間ですから、ああいうのって、何か馬鹿にされた気がしちゃうんですよねえ。

だからこれからは、私も心を入れ替えて、海外の競馬へ出かけるときには拍手を送る、そういう心がけで行くようにしようかと思ってしまいました。

でもやっぱり馬券を買って熱くならないと競馬じゃないですよね。

元々、競馬というのは〝くらべ馬〟という部分と〝バクチ〟という部分がぜんぜん別にあったはずなんだよ。

本来〝くらべ馬〟というのは、貴族たちが、自分の持っている馬がどのくらい強いかというので、走らせて喜んでいたものでしょう。ところが馬券は、そのラチの外で見物していたヤツらが勝手にやり始めたはずなんです。それを主催者側が一緒くたにしてしまったわけですよ。

だからそのへんの感じが、日本の場合は馬券の方が先行してしまって、ヨーロッパの方はまだ〝くらべ馬〟の方が意味を持っているということなんでしょうね。

それがいいことか悪いことかはわかんないよ。

ともかくあれじゃあ、売り上げはまず上がらないだろうけれども、健全であることは確かです。

フランスの競馬は大赤字じゃないかと思いますよ。

そりゃやっぱりね、香港の国際カップと、凱旋門賞の違いっていうのは、すごい。競馬に対する考え方が違うんですよね。

香港の競馬っていうのはけっこう日本に近いんです。バクチっぽいから違和感がないんですよ。

ヨーロッパの競馬っていうのは、儀式性があってさ、ステータスがある。あれはもう全然違いますよ。

もっとも香港の競馬っていうのは、日本があっちを見習っているのか、香港がこっちを見習っているのか知らないけれども、なんかこう意識的に接近している気がする。それはともかくなおさず、ギャンブルという共通認識があるからでしょうね。

とはいえ、凱旋門賞当日はみんな大変にファッショナブルで、帽子を被《かぶ》って……いやあ、きれいでしたね。

フランスの女性はきれいだね。

ドレスアップしたときに感心したのは、年齢を重ねれば重ねるほど魅力的だということ。二十代、三十代の女性には眼がいかないですよ。やっぱり四十、五十、六十と年を重ねていくと非常に美しくなる。あれは見習うべきですよね。

これは男にも言えます。

男も、若い男はカッコ悪い。年齢とともにカッコよくなる。

街を歩いていてももちろんそれは言えるんですけれども、特に競馬場で完全にドレスアップすると、より明らかだよね。

男でも女でも、本当の正装っていうのは、年齢を重ねてある程度の貫禄がないとカッコよくないんですよ。だから若いヤツがタキシードを着たってカッコ悪いけれども、やっぱり六十歳の男がタキシードを着るとそれなりに似合うものなんです。

よかったですよ。なんかいろいろと考えさせられてしまいましたねえ。

でも、そうやって儀式だったり社交場みたいな競馬場なのに、馬券の種類はいっぱいあるんですよね。

そのへんは私も考えてみるのですが、たとえばＪＲＡの場合は、射幸心を煽《あお》るからという理由で法律があって、それが、いろんな新しい馬券を発売する障害になっているわけでしょう。

私は逆だと思うんですよ。

バクチっていうのは、単純なものほど熱くなるに決まってるんですから。

そうかといって、馬券の種類が単勝だけとなると、今度は面白味がない。やっぱり、馬番の連複っていうのはいちばん熱くなる種類の馬券じゃないですかね。これがたとえば三連複馬券を売り出したとすると、そんなに必死にはならないでしょうね。的中確率がグンと落ちますから。熱くなるのは、せいぜい連単くらいまで。だから今、公営競馬でやっている馬番連単馬券くらいまでが、売り上げがガーンと上がって、みんなが突っ込む馬券であって、三連複馬券ができてもそんなに突っ込むわけはないですよ。

ということは、この法律の規制っていうのはむしろ逆効果であって、ギャンブル性を高めてるんじゃないかと思う。

射幸心を煽らないための法律にするんだったら、この法律を改めて、もっといろんな種類の馬券を開放すべき、だと私は思いますね。

法律を作ったりする人はバクチをあんまり知らないと思いますから、だから計算上ごく単純に考えて、そういうふうに法律を作るんだろうけれども、バクチをやってるヤツから見ればもう一目瞭然なんですよね。

バクチは単純なほど熱くなります。ある程度のゲーム性を維持しながら、そのギリギリの単純なところっていうのが、いちばん熱くなって興奮するバクチですからね。

そのへんを見込んで馬券の種類を増やさないってことは……う〜ん、そこまでは考えてないでしょうね。そこまでバクチを知らないと思う。これは、長くバクチをやっている人間が初めてわかることだもん。

ゲームでも何でもそうですが、いちばん最初の形が最も興奮するっていうのがあるでしょう。それが、バージョンが上がっていろいろ複雑化してくると、だんだんつまんなくなってしまうという、あれと似た感じじゃないですかね。

まあそんなわけで、フランスの競馬が熱くならない理由は、十種類くらい馬券があって、みんなが宝くじを買うみたいに買っているということでしょう。

場外馬券売り場が七千七百カ所くらいあるんだけど、場外っていったって一つ一つは銀行のキャッシュコーナーみたいにすごくちっちゃいんですよね。

コンビニエンスストアほど広くはないです。銀行のキャッシュコーナーを想像してもらえばいいと思う。そして、銀行のキャッシュコーナーに三台か四台並んでるキャッシュディスペンサーのように、馬券の自動販売機が置いてあるんです。

そういう場外馬券売り場がフランス全国に七千七百カ所、パリとその近郊だけで八百カ所くらいあるようですね。

しかしながら、それらを全部含めても売り上げは大したことはないんです。あんなに世界的なビッグレース、凱旋門賞の馬券総売り上げが七十億円程度っていうんですから少ないですよね。ちなみに申しますと、日本はダービーの売り上げが六百億円レベル、暮れの有馬記念なら八百億円レベルですよ。

あの場外馬券売り場はブックメーカーじゃなくて、もちろんちゃんと国営の馬券売り場ですからね。ということは馬券売り場の数から考えて、売り上げ比率は当然、場外の方が大きいでしょうから、じゃあ競馬場で売れた額なんていうのはもう微々たるものなんでしょうね。

場外馬券売り場はどんな田舎に行ってもあります。シャンティの田舎の方に行ったってあるから。フランスギャロップっていうのが向こうのＪＲＡのようなものなんですが、ちょっとちっちゃな街に行くと、フランスギャロップっていう緑色の看板が出ていて、そこはみんな場外馬券売り場なんですよ。

それでも、フランスはその場外だって、黒山の人だかりになっているなんてことはなくて、例えば、近所のカフェにオヤジがごろごろしていて、その時間になるとひょいと買いにいくっていう感じで、行列もしてなけりゃ人だかりもない。

だから、フランスギャロップの経営自体がもう赤字だと思いますね。

フランスも景気が悪くて失業率もものすごく高くて、そのせいかと思ったら、そういうことじゃないらしいんですよ。景気がいいときでも同じようなもんだって。

フランスの競馬というのはそういうものになってるんですね。

競馬場は社交場。たとえばシャンティでエルメス杯っていうレースがあるんですが、それなんかエルメス社が……エルメスって馬具屋ですから、エルメスが自分のところの顧客ばかり招待して行われるレースなんですよ。毎年テーマを決めて、そうして世界中の顧客が集まって、例えばオレンジに茶色のファッションで決めて、競馬場に来て応援する、と。

そんなことをやる国ですから売り上げなんか上がるわけがない、ですか。

各レースにスポンサーがつくかつかないか、ということもあるのでしょう。でもレースそのものにスポンサーをつけるってのは、私はすごく難しいと思います。それにイメージの問題もあるしね。

結局、どんなに競馬が盛んになったって、一部の人間のための楽しみでしかないわけですから。だからやっぱり自分たちで維持するしかないわけで、ああなるとかなり、フランスの競馬って苦しいような気がします。

日本の競馬は、そういう点では非常に健全経営なんじゃないかと思いますね。

国のためにハッキリ役立ってる……?

でも本当はどうなんでしょう。これを国のためにやって、そこから国庫にお金が入っていくという形は、私はあまり健全なものだとは思わないんですけどね。

それなら娯楽としてもっと開放して、民営化して、それで控除率をもっと下げてみてはどうでしょう。

フランスだって、あの大赤字を背負っていても、控除率は十六パーセントか十七パーセント、そんなもんでやってるんですからね。

日本はこんなに儲かっているのに、二十五パーセントも控除するのはどう考えたっておかしいですよ。ちょっとイカサマっぽい。逆に射幸心を煽っちゃいますよね。

普通、売り上げが上がれば、控除率のパーセンテージは下がって当然であって、これはちょっと納得できないですね。日本より控除率の高い国はないんじゃないですか。最高だと思いますよ。この法律は改正しないとおかしいですよね。

だから昔の、今から十分の一くらいの売り上げだった時と今とが同じ控除率っていうのはおかしい、ということを私は言いたい。これは暴利の証拠です。

そうそう、ワイド（＝拡大馬連）という新馬券が発売になることが決まったらしいですね。

まさにＪＲＡの陰謀ですなあ。これはただ売り上げが上がります。ＪＲＡはまったく上手く考えたもんですねえ。

海外では確かに三連複という馬券が主流なんですが、ただしこれをやるからといって売り上げが上がるとは限らないんです。

というのは一点あたりの購入金額は当然小さくなりますからね。三連複って日本でいうところの何十万円、最低でも万馬券というような配当になるんですから。

ＪＲＡは日本人の民族性まで考えて判断したと思うんですけれども、連単や三連複よりも拡大馬連（選択した二頭が三着以内に入れば的中。つまり一着二着の組み合わせのみならず、二着三着、一着三着でも的中という新馬券）の方が、射幸心を煽らずに、はるかにお金が入るだろうという結論なんでしょう。この判断は正しいと私は思う。

みんな、馬連をとりあえず買っておいて、さらに拡大馬連を押さえるというやり方をすると思うんですよね。これはものすごく売り上げが上がります。

馬連でベタベタ買って、さらに押さえの馬券を少しずつ何点も買うのはリスクが大きいですから、それなら拡大馬連を買ってしまうでしょう。

押さえ馬券としての効果はあると思いますよ。馬連と拡大馬連のダブル的中というのも可能なんだから。そうそう、ステイゴールドなんかはまさに拡大馬連向きの軸馬ですな。

其の二十二……ＰＡＴ式投票について……

私は競馬をやるときには必ず競馬場に出かけます。

基本的にウインズ（場外馬券売り場）では買わない。

ＰＡＴ（パーソナル・アクセス・ターミナル）式電話投票権も持ってない。

現在では全国の競馬ファンの内、なんと八十三万人ものＰＡＴ投票者が存在し、言葉はちょっと古いですが、カウチ馬券を楽しんでいるということです。

何が言いたいかと申しますと、しかし、このＰＡＴというのは、馬券師にとっては最悪のものではないかと思うんですが、みなさん、いかがでしょうか。

なぜ、ＰＡＴが馬券師にとって好ましくないか、このことについて申し上げたい。


私はパドック党であります。パドックを見ずには馬券が買えません。

もちろん、今はテレビがすごく良くなったし、映像技術が飛躍的に進歩していますから、テレビでもパドックがよく見られるようになりました。

例えば東京競馬場のパドックは上から見てると距離が遠いし、中山競馬場だと角度が悪い。だから一頭一頭の馬体については、テレビで映してもらった方が見やすいのかもしれません。でも、馬っていうのは全頭が周回して歩いているのを全体的に見て、その中でどれがいいのか、そういう見方をするのが正解ですからね。だからパドックは生で見るっていうのが大事だと思う。

ちょっとした角度の違いとか、一瞬だけの馬の動きとか、そのへんがテレビでは正確に見えない。パドックのコーナーを回っている時に映った馬なんて、正面から馬体を見ても何にもわかんないからね。馬が急にビックリして驚いてる瞬間だってあるんですから。それが偶然テレビに映ったとしても、ああイレ込んでいるのかなと思っちゃうでしょう。

私が競馬場に行く最大の理由というのは、パドックが見られるからであります。

そりゃ昔に比べりゃ、今はウインズもきれいになって設備もよくなったし、馬体重もパドックもほぼリアルタイムで見られるようにはなった。それでもやっぱり馬場に行って全体の動きを見るっていうのは大切だと思う。

そういうことを考えれば、ウインズで競馬をやるというのは、どうしても仕方のない時にやること。

やっぱり、ウインズの場合、競馬場で勝負をするときと比べて、余裕がないですよ。そんながガラガラに空いてるウインズなんて見たことないしさ。ウジャウジャといつも混んでいて、それだけでも精神的に負担になります。

それにウインズだと裏開催とか関西の馬券とかいっぱい買えたりするしね。頭もグシャグシャになって冷静な判断ができないと思います。混んでいていちいち行列に並ばないと馬券が買えないとか、メシを食うのも大変だとか、ウインズってのはいろいろ制約があるでしょう。

ストレスが溜まるわけですよ。あの中で冷静にモノを考えろって言ったって、それは無理というものです。

例えば仕事がどうしても忙しくて、ウインズでしか馬券が買えないっていう時には、せめて多少遠くても空いてるウインズに行った方がいいですよ。新宿ウインズで買う人なら、ちょっと足をのばして後楽園に行くとかね。

それからPATについて。

近頃どうもPATをやってる人が多い。玄人や競馬マスコミ関係者にも多いでしょう。

PATって、なんかゲーム感覚がない？　だから何となく安直に馬券を買っちゃうような気がするんだけどね、私は。

それとね、投票できる金額に限度があるっていうのは夢がないと思う。競馬の楽しみってのは、今日、もしかしたら千円がどんどん転がっていって一億円になるかもしれない、という可能性にあるんだから。

これは他のバクチにはないわけですよ。競馬は、みんなが平等にそのチャンスを持ってる。私も千円を一億円にしたことはありませんが、十万円持っていってそれが百万円になったりすることはありますよ。

そういう夢がPATにはないですな。だからそういう意味でもPATには反対です。これは競馬の楽しさっていうのが半分になってしまっていると思う。

競馬はレースや馬券の楽しみもさることながら、競馬場の雰囲気ってのもいいもんだからねえ。これは大切だと思う。

どうも私はPATで馬券を買ってるヤツをみると、麻雀をやらずに麻雀ゲームをやってるような、そんな気がしてしょうがない。だからつまらないと思う。

それから、いろいろな人の話を聞くとね、どうも大負けしてるヤツってのはPAT派に多いような気がします。

つまり、家に居ながらにして全国の競馬場の全レースの馬券が購入できるものだから、あのレースもこのレースもってべっとり買うらしいんだよ。第一レースから全部べっとり買うとか、ローカルになったらいろんな競馬場の馬券をいっぱい買っちゃうとかね。

私の周りで、馬券に大負けして悲劇的な状況になってるのって、ＰＡＴ組が多いですよ。

これはね、昔でいうノミ屋と同じ現象なんだよ。

ノミ屋相手に競馬をやっても勝てないですから、ＰＡＴでずっとやっていて勝ち続けられるヤツはほとんどいないと思う。これはＪＲＡもうまく考えたと思いますよね。

ＰＡＴで馬券を買う方の中には「私は地方に住んでて、遠くて競馬場に行けない……」などとおっしゃる方もいらっしゃるかもしれません。

それはしょうがねえなあ。

でも、私は地方に住んでる人にも言いたいんだけれども、じゃあＰＡＴを同じようにずっとやっていて、いくら負けるかってちゃんと計算してほしいんですよ。

そうすると、購入限度額の上限が三十万円って切られていて、それでやっていると必ず、うんと負けていくから。その負け額を冷静に考えてみれば、土日一泊して、新幹線に乗って東京に出てきても、そんなのは経費としては微々たるものですよ。

だからもし私が地方に住んでいるとする。例えば静岡に住んでいるとする。

私は中山まで行きますよ。ＰＡＴはやりませんね。

飛行機を使おうが何しようが、日本国中どっから来たってさ、三〜四時間で来れないところはほとんどないんだから。

私はそうするべきだと思いますよ。ホテル代や交通費を考えたって、ＰＡＴであるがゆえにいっぱい、一年間に何百万円も負けることを考えれば、こんな安い経費はないと私は思います。

競馬場の素晴らしさと競馬の奥深さに、じかに触れられるだけでも差し引きゼロではないでしょうか。

実際にＰＡＴに関しては、読者の方から次のような質問を頂いたこともありました。

「僕は今二十九歳、自営業をやってます。まあ、親父の下で働いていて、結構いい給料をもらってるんですが、競馬に金を使いすぎてしまいます。月初めなんかは気が大きくなって小遣いの半分くらいは使っちゃいます。ＰＡＴがあるのがたぶん原因だと思います。ＰＡＴがない時はウインズへ行っていたので、決めたレース・決めた金額で済んだのですが、ＰＡＴが当たってからは一レースから最終レースまで全部やってしまう時があります。意志が弱いのもありますが、何とかならないでしょうか？」

はい、じゃあお教えしましょう。

PATはおやめなさい、ということです。

なぜかと言えばPATというのは、昨日今日出てきたものではないのです。

実は昔からノミ屋というPATと同じシステムのものがありました。あれは全く同じものです。ただPATは馬券を購入できるお金の上限が決まってるというだけでね。

で、このノミ屋の競馬で勝ったというヤツを私は知りません。

ということはどうしてかっていうと、すごく安直だから居ながらにして馬券が買える。何の労働もしない。そしてまったくオートマチックに馬券を買っていく。ノミ屋は口張りですからね。

これですよ。口張りのバクチっていうのは、ホントはルール違反なんです。

で、PATの場合も口張りで3―6いくら、とか言ってるのと同じですから。

それも後払いでしょう。これでは身も入らない。

それを半ば自動的に買っていってしまう。こういう形では競馬は勝てないし、よしんばこういう形で競馬を覚えちゃったら、競馬場に行っても同じことをやる。

実際のお金でも同じことをやってしまうと思いますよ。

これでは競馬を覚えない。上手くならない。

だからPATはやめなさい、と申し上げたい。

競馬場に行けなかったら競馬をやらなきゃいいんです。その日はお休みして下さい。

なにしろ私の考える順番で、馬券で勝っている人というのは、まずは馬場に行ってるヤツ、次にウインズに行ってるヤツ、次にPATかノミ屋、この順番ですからね。

ねっ、馬場に毎週行ったってそうそう勝てやしないのに、PATで勝てるワケないじゃないですか。

次にこの「けっこういい給料をもらってる」っていうのは、いい給料をもらっていようがいまいが競馬をやってりゃ同じです、と私は言いたいですね。

何故かと言えば、いい給料をもらっているから、人間、いい生活をできるかっていうと、それは競馬をやらない人の場合です。

競馬というのは面白くやってしまえばお金がいくらあっても足りません。

たかだか給料が五万円違う、十万円違うなんていうのは、競馬をやってりゃ何の意味もありません。特にPATをやっていたらそうでしょう。

だから、けっこういい給料をもらっていても、この人の場合はただの親不孝です。

「競馬に金を使いすぎてしまいます」って、自分でわかってりゃ使わなきゃいいでしょうに。

これはよく言うように「月初めなんかは気が大きくなって」という、このパターンが危ないですな。月初めに気が大きくなったり、ボーナスが入ったからといって気が大きくなる人はあぶないタイプ、これは競馬で身を滅ぼすパターンです。

ではどうすればいいかっていうと、常日頃から言っているように、競馬場には必ず同じ金額を持っていきなさい。

だからPATの場合でも、毎週の競馬資金として用意するお金をいつも同じにしておくこと。とりあえず何をやるときにも、ギャンブルはみんなそうなんですよ。

例えば簡単にいうと、麻雀でも年中レートを変えているヤツはうまくならない。

こっちで打ち、あっちで打ち、いつもメンバーを変えてバラバラ打って、生活レベルの違うメンバーと打って、会社のメンバーと打つときはこのレート、とか変えている人は上手くなりません。それぞれの場合で緊張感も違うし、本当は打ち方も違うんだから。そりゃバクチはみんなそうですよ。

ルーレットだって丁半バクチだって、お金を持ってる時と持ってない時で打ち方が変わっちゃうんだよ。バクチそのものが変わっちゃう。打ち方が変わるということはつまり、違うバクチをいろいろやってるような感じだよね。

だから今日は五万円しか持ってないから穴買いとか、三十万円持ってるから今日は本命対抗のガチガチ馬券で勝負とか、これをやっていたらダメですよ。

競馬はね、馬券を取るって考えちゃダメなんですよ。

勝ち馬を当てるって考えなきゃいけません。

とにかく同じ金額を持っていくことです。それも「いい給料をもらってるのに使いすぎてしまう」なんて後悔をしない程度の金額に抑えておく。

だからサラリーマンの人にとっていちばんわかりやすいのは、女房と相談して生活を脅かさない金額、と決めればいい。そんなの、今は馬券は百円で買えるんですから。

そういう意味では今の若い人はすごく幸せだと思いますよ。百円から買える馬券を知ってるということは、すごく羨《うらや》ましいことなんです。

私たちの頃は今から三十年前、競馬は二百円しばり。当時の馬券は二百円、五百円、千円の三種類しかなくて、つまり今の金銭価値でいえば千円しばりと同じことですよ。いや、もっとかもしれない。

ということは今、もしも馬券が千円しばりだったとしたら、若い人たちはけっこうしんどいはずでしょう。ビクビクもんでしょうね。

それを昔はやってたんだから。

その頃はお金を持っていくと言ったって、ある程度の金額を持っていかないとケンカができなかった。でも今は一万円持っていけばけっこう楽しめるはずでしょう。

それと、何度でも言っておきますが、一万円持っていっても十万円持っていっても競馬の面白さは同じです。ウソだと思ったら行ってごらんなさい。

だって競馬ってのは、そりゃ百万円が一千万になることもあるかもしれないけど、一万円が一千万になることだって可能性としてはある。それが競馬なんだから。

面白いですよ。私も昔、よくやりましたけどね。一万円のお金を持っていって、それをまず一レースから増やしていって、というふうに考える競馬は面白いよ。一万円をいくらにするか、いくらにして持って帰るか、一万円でどこまで遊べるか、とかね。

そういう競馬もとっても面白い。

一万円ポッキリっていうのもそれなりの緊張感があるんですよ。百万円とはまた違う緊張感がある。

それから、一レースから最終まで全レースやるっていうことですが、コレ、ＰＡＴ派の人は実際に全部やる方が多いらしいですね。

そりゃ私だって、今は競馬場に行けば全レースやってしまうこともありますが、勝とうと思ったら全部はやらない方がいいですね。

それとね、ＰＡＴをやる人は、関西の競馬場のレースも全部やったり、ローカルの時は三競馬場分やったりする人もいるらしいですけど、あれはサイコロをふってるのと同じじゃないの？　それくらい慌ただしくて考える時間がないと思うのですが。

競馬は考えれば考えるほど面白い推理ゲームですから、よく考える時間のないレースというのは手を出すべきではない。当たる当たらないはともかく、それではつまらない。

だからそれは、つまらないことをいっぱいやっているということなんですよ。

つまらないことをいっぱいやっても、それがかけ算になって面白くなるということにはならない。記憶にも残らない。

あとね、「意志が弱いのもありますが」って言ってるこの意志の弱さ（笑）、気がついてないんじゃないでしょうか。お父さんの後を継ぐんでしょうが（笑）。

ＰＡＴっていうのはね、あれは競馬じゃないんですよ。ＰＡＴっていうモノなんだよ。いちばんリアリティーのあるビジュアルな競馬ゲームとでも言えばいいのでしょうか。だからそういうものだと思って楽しまなきゃいけないような気がしますね。

競馬場にいく競馬と一緒にしてもらいたくはないなあ。

やっぱり違いますよ、その目で見なきゃ。

外国でも、ブックメーカーがお手軽にそこらじゅうにいっぱいありますよね。あれなんかも大問題だと思います。

競馬は全然儲かってないのに、ブックメーカーばかり儲かって。

日本は大したもんですよ。ブックメーカーも導入せず、ノミ屋も儲けさせないようにして……このPATがさらに普及すれば、ノミ屋なんてできませんよね。

言っておきましょう。PATは競馬会の一人勝ちです。

電子マネーみたいなもので、見えてない。私はあれがイヤなんですよ。

現実味がなくて、なんか騙されてるみたいな気がする。

何事もお金の顔を見ながら生きていく。特にバクチはそうでしょう。

そうしないと金銭感覚が身につかない。買い物だってカードで買うときは何となく安直になってしまう。あれだって現金なら、お金を出すときに人間はそのお金の重みを考えるんですよ、ね。

其の二十三……JRAへの提言……

九八年の春の天皇賞のときのこと。

本命サイドの、メジロブライトとシルクジャスティスの組み合わせの馬連を、五千万円買った人がいると噂になったことがありました。

この組み合わせ、最終的には二・四倍くらいつけたんですけど、金曜日の段階での前売りオッズは、この五千万円があったせいか一・四倍でありました。いくら人気サイドとはいえ、どうしてここまで人気を集めるのかと不思議に思ったものでした。

だから恐らく、この方はよっぽどなんかせっぱ詰まってた人じゃないですか。

五千万は持ってるんだけど、一億なきゃどうしても足らないっていう人じゃないのかな。

いいねえ、それ。

この馬券が当たろうが外れようが、中央競馬会は、どっちにしろテラ銭分の二十五パーセント、千二百五十万円はただもらいだもんなあ。その人が丸一日の、天皇賞当日の運営経費を出したようなものですからね。いやあ、それは助かったなあJRA。寄付みたいなもんだから、表彰状かなんか出せばいいのに(笑)。

でも実際には、こういう人がいたにもかかわらず、天皇賞の馬券の売り上げ金額は、前年比二十パーセント以上の減収でありました。

二十何パーセントはちょっと減りすぎですね。

でも、やっぱり世の中がこれだけ不景気になれば、競馬の売り上げだって落ちますよ。

それに、今の馬券売り上げというのはジャリ馬券の集合になってるんです。百円、二百円の馬券の集積が総売り上げを作っていくから怖いですよね。

それはすなわち、たとえ入場人員とか競馬人口が増えても、売り上げが減るという事態が起こりうるということですからね。これはあんまりいいことではないんじゃないでしょうか。

春の天皇賞をはじめとして、九八年の上半期、馬券の売り上げ額が大幅に減少したことが、競馬サークル内では大きな関心事であり、また大問題でもありました。

この売り上げ減の原因は、確かに前年までのスターホースたちが揃って引退してしまったということもあるでしょうが、根本的には不景気のせいということでありましょう。

競馬自体は、別にヒーローがいなくても、つまらないわけはないんですよ。

むしろ馬券的妙味からいえば、ヒーローのいない年の方が、戦国的な混戦の方が面白いわけです。ですからヒーローがいないから競馬がつまらないというのは、ある意味では素人の考えと言えるかもしれません。

競馬をロマンとかスポーツとしか見ないで、ギャンブルと考えていない人にとってはつまらないかもしれませんが、私たち競馬オヤジにとっては非常に面白いです。

不況のために売り上げ減になってはいますが、JRAが上手いと思うのはジャリ馬券の集合体でかなりの売り上げを取っているということ。その点では他の産業に比べると救われていると思います。これが昔みたいにオヤジ馬券で維持していたらもっと激減していたことでしょう。おとっつぁんたちは競馬をやめちゃった人もいるかもしれないし、少なくとも馬券購入額は減らしていると思いますよ。

学生さんや若い人たちはそんなに変わってないでしょう。仕送りが減るわけじゃないだろうし、アルバイトがないわけでもないでしょうからね。そういう意味でJRAはツイていたと言えるかもしれない。

むしろ競馬以上にオヤジで支えている競輪や競艇の方が厳しいんじゃないのかな。公営競馬もたぶん売り上げが落ちていることでしょう。

まあ、何と言ってもJRAがもっともゆゆしく思っているのは、ダービーの売り上げを実質的に大きく落としたことではないでしょうか。これが普通の産業なら前年比割れ一割ともなると企業の存亡にかかわる大問題ですよ。

景気回復を早く望みたいところですね。

ただし、競馬に限っていえば、これは景気うんぬんという問題だけではなくて、やり方、工夫次第で克服は可能という面もあるのではないでしょうか。

例えばアメリカ。この前行ったアケダクトの競馬場なんてひどいものでした。ガラガラなんてもんじゃない。日本の公営競馬の比ではないくらいにひどかった。

あんなに景気がいいにもかかわらず、客が全然入らない、馬券がまったく売れない、というのはやはり方法の問題だと思うのです。

だから単純に景気がよくなれば売り上げが戻ってくるとか、その逆だとか、必ずしもそうとは言えないということを申し上げたいのであります。

要は経営の仕方でしょう、そのへんは。

日本の場合は例えばナイター開催をやれば、その分は確実に売り上げが上がるでしょうし、東京&中山の同時開催なんてことを実施すれば売り上げは増えると思う。

ただ、買える馬券の種類を増やせば売り上げが上がるかといえば、それはわからない。

私たちが外国に行って、普段は買ったことのない種類の馬券を面白く買うでしょう。そりゃ買いますが、では投資総額はどうかといえば実は同じなんですよ。

つまり三連複という馬券を買うとすると、いつもの何千円という単位が何百円に下がってしまう。要はお金が分散するだけで、売り上げが極端に上がるというのはどんなものでしょうか。

私が考えるに、今の日本の単勝・複勝・枠番連勝・馬番連勝という、この馬券システムは実はもっとも突っ込める馬券ではないかとも思うのです。だから売り上げ重視でこれを維持するためになら、今のままでいいという気がする。

そりゃ新馬券を発売した当初は興味もあって売り上げは増えると思うよ。ただそれも結果的には落ち着いていくでしょう。だってそんな宝くじ的馬券を大量に購入するのは金銭的に無理があるでしょう。

ではJRAは馬券以外にどんな対策を講じればよいのか。

九八年の売り上げ不振は確かに不況の影響が大でしょう。不況に強いギャンブルかもしれないけれども、やはりオヤジ馬券は減っているはずです。

だから、中央競馬会が何を考えているのかわからないけれども、確かにファン層の底辺は広がったんでしょうが、それが馬券に結びついてこないということなんです。

でもこれが、景気が好転したときに、今のようにジャリ馬券に頼っていたらダメでしょうね。それでは今と何も変わらない。その時こそオヤジ馬券に頼らなくてはいけないわけだから、それなりの方法を考えなきゃいけないと思うのです。

やっぱり古くからの競馬ファン大切にしないとダメだよ。

要するに、お客さんのランク分けを早くした方がいいと思うんですよ。そのためにはどうしたらいいかと申しますと——。

さて、これは私が常々申し上げておりますように、指定席の値段を高くすることです。あれがもしも一万円ならオヤジたちばっかになるはずだから。そうすればそのフロアの売り上げは確実に上がりますよ。

指定席の値段が千五百円である限りは、二万円持っていれば入る気になるけれども、一万円かかるとなれば十万円くらい持っていないと入れない。

無茶なことを言うヤツだな、とお思いの方もいらっしゃるでしょう。

でもよく考えてみると、演劇の指定席が七、八千円、歌舞伎の桟敷で一万四、五千円、オペラで三万円。実はこれは常識なんですよ。

ならば競馬という娯楽性を考えてみても、ある程度の水準に行っていないとおかしい。これだけのショーを千五百円とか二千円で見せることの方がおかしいでしょう。ましてや設備投資は劇場なんかよりはるかにかかってるんだから。これは矛盾、私は大矛盾だと思いますよ。

東京競馬場の場合、現在、下は五百円からあるから、順に言うと五百円・千円・千五百円・二千円・二千五百円・三千五百円ということですね。これを三千円・五千円・一万円にしていただきたい、と思います。

いちばん問題だと思うのは中山競馬場のゴンドラ席ですよ。あの席が三千五百円というのは納得できない。

それなのに早朝から並ぶのは若い人たちばかりですから、ゴンドラ席にいるのは当然ジャリばっかり。これでは売り上げにもつながりません。あんなに立派な席なら一万五千円をつけてもいいくらいでしょう。

まあ、それでも入ってる人は変わらないかもしれないけれども、競馬場がどんどんどんどん混んできて、下で行列を作ってるおじさんたちはやっぱり減ってしまうと思いますよね。すごく混んでる競馬場っていうのは体力をつかうし、ものも考えられないしさ。

やっぱり若い人たちのパワーには負けます。

一万円買ってるおじさんのパワーよりも、千円買ってる若者のパワーのほうがスゴイから。だから、あれに気圧《けお》されてしまうよね。

さらに言うとGIとか大レースのときは特別料金で高くしてもいいと思います。あの興奮というのはお金で買うものですよ。ダービーのS指定席なんか三万円でもいいんじゃないでしょうかね。

競馬場はお金の世界です。今の日本の社会というのは必ずしも金持ちが偉くはないわけで、そういう意味では公平にできているわけですが、競馬場はバクチを打つところだから、これは常識上の問題で階層があってもいいと思う。

例えば外国のカジノに行っても、大きいレートのところはフロアが違うわけですよ。というのも、それだけ大きい金額で勝負する人たちにとっては、小さな金額で遊ぶ人たちと一緒では集中できないし、そこはきちんと区別するべきなんだよね。そのへんをＪＲＡはどのようにお考えなのかと思いますねえ。

私が競馬をやるようになってから、指定席の値段はほとんど変わっていない。競馬新聞でさえ四倍くらいになってるんですからね。指定席はというと、この二十年間でせいぜい二倍程度だと思う。ということは金銭価値の比較から言って、昔はある程度高かったんでしょう。

指定席に入ることは若い私にとって憧れだったんですよね。私だって、競馬をやり始めた当初は、他の若者と同じようにゴール板の前でかじりつくようにして見るところから始まっているわけですからね。

そこから、自分の社会的ステージが上がるたびに、競馬場で自分の占める位置のステージも上がっていく。

いつかはあそこに上がって行きたいな、と思いながら一ランクずつ上がっていく。これはいいことですよ。若い頃誰しも、あの上のフロアにはどんな人たちがいるんだろうって、思ったことがあるでしょう。それがいざ上のフロアに上がってきて、ゴール前とまったく同じようなヤツばっかりいたら、つまんない。夢がないですよ。

だからせめて、馬券を買う金額でフロアを分けてほしい、と思うのであります。

これまでは不景気だとギャンブルが盛り上がると言われてきましたが、それもある程度の不況まで。今みたいに、給料をもらえない人もいれば、会社がつぶれそうな人もいれば、ボーナスが出ないなんて当たり前、というような状況では、馬券の売り上げに跳ね返って当然でしょう。

競馬会にはくれぐれも、控除率を上げたりしないようにお願いしたいですね。

そういうことを考えると、競馬会もそろそろ、人を増やすとかファンを増やすという考え方を改めた方がいいと私は思います。

そんなに競馬に市民権を与えることはないですよ。

こんなに不特定多数の人がぞろぞろと入ってくる競馬というのは不健全だと思います。昔は市民権がなかった分だけ、そりゃ悪いバクチではあったけれども、悪いバクチなりに、やっている人間は自分が悪いことをしているという自覚がありましたよ。

それが今は、みんなそういうふうには思っていないでしょう。テレビを見たり映画を観たりする娯楽の延長に、競馬があるという考え方だと思いますね。これは競馬をやっている本人たちのためにもならないと思います。

どうしてみんな、酒を飲み過ぎるなとか、タバコを吸いすぎるなって言うのに、競馬だけ勧めるんでしょうか。私に言わせれば、タバコにも〝健康のため吸いすぎには注意しましょう〟って書いてあるんだから、馬券にも書いてなければおかしい。〝人生のため買いすぎには注意しましょう〟って。

競馬の方がよっぽど怖いでしょう。タバコで人生を間違ったってヤツは知りませんが、競馬で人生を間違ったというヤツは星の数ほどいます。

競馬は本来バクチなのに、競馬会は変なところでバクチじゃないんですよね。

競馬はバクチ、馬券をたくさん買う人は優遇してあげて下さい。

広範囲に人を集めようとするのは、そりゃ一時期は成功したと思いますが、今は混むだけ混んで売り上げが上がらないんだから、もう限界ですよ。

ＣＭにしても、もっとオヤジオヤジしたヤツを。別に私にやらせろと言っているわけではありませんが、例えば大地康雄さんみたいな、ああいう人を連れてきて「バカヤロー、行けー、チクショー」というようなCMにしなきゃダメですよね。

其の二十四………大穴馬券について………

馬番連勝複式馬券が登場したときには、これで万馬券がビシバシ出るぞとか、百万円馬券も夢じゃないとか、さまざま言われたわけですが、今のところ二十七万馬券が最高でありまず。

大井競馬の馬番連単でさえ似たようなものなんですから、馬連の限界というのは、まあそのあたりなのでしょうか。

でもいつかは三十万馬券、四十万馬券が……出てほしいと思いますねえ。

九八年の春には、中山競馬場で行われた日経賞で、JRA重賞史上最高配当となる二十二万馬券が飛び出しました。

さらにその翌週には最終レースで、二週連続となる二十万馬券が出て、話題になりましたね。

この大穴馬券について――。

まずは日経賞の大穴の張本人テンジンショウグン。

このテンジンショウグンっていう馬は、近走の成績を全部頭に入れなければ、オープン馬のランク付けでは実は格上だったと思うんです。

私の持論であるところの、オープン馬は実は四つのランクに分かれているんだという、その理論からいくと、この馬は重賞で三着に入ったこともあるし、GⅠで走った経験もあった。オープン馬の中で実は格上的存在であったということが言えると思う。

テンジンショウグンというのは、確か私も一度追っかけた時期があったんですよ。昔はよく三着くらいに来ていたことがあったでしょう。なかなか馬券にはなんなかったんだけど、いつもいいところには来てたよなあ。GⅡあたりで善戦してたような記憶がありますよ。

あの頃もいつも人気にならなくて、私も追っかけてた時があったんです。だからまあ、あの二十万馬券については、レースのレベルが低かったというのもあったかもしれませんが、レースの格やレースの流れからいって、一着二着があいうふうに来るっていうことは決してフロックだけで荒れたわけじゃないですよ。

それが、テンジンショウグンはここのところずっと成績不振だったとか、障害レースを走っていたことで、実績以上に完全に無視されていましたね。

障害レースと平地レースとの関係について申し上げますと、障害入りを予定している馬っていうのは、その前走の平地ではまず無理、まず走らないです。唯一これまで私の記憶している限りでは、障害入りを予定していて勝ったのはホクトベガくらい。

ただし障害から帰ってきて活躍する馬っていうのは、案外いる。あれはやっぱり、障害レースを使うことによってトモが強くなるとか、腰が強くなるとか、そういう理由だと思いますね。

だから障害帰りの馬というのは、あながちバカにするべきではない。

かつて障害帰りのGI馬というと、メジロパーマーがそうだったんですよね。障害で強くなる馬っていうのは本当にいるんだよ。

坂路《はんろ》の調教を導入しただけで、関西所属の馬たちはあんなに強くなったんですから。

まあ、関西馬が強くなったのはそれだけが理由というわけではありませんが、それにしても、あの坂路調教導入をきっかけにして関西馬と関東馬の成績にあんなに開きが出ちゃうってことは、やっぱり鍛えればそれだけ馬には筋肉が付くということでしょう。

それを考えれば、障害の飛越を練習した馬がまったく変わっちゃうってことは大いにあり得る話だと思う。

障害を飛んでいたからといって舐《な》めてはいけません、バカにしてはいけません。老齢馬だからといってバカにもできないしね。

特に九八年の春は強い馬がバタバタ引退しちゃったり、みんなケガをしちゃったりして、空き家状態、エース不在だったんですよ。だからそういう時ってのは気をつけなきゃいけないでしょうね。

それはマヤノトップガンだエアグルーヴだっていうんなら抜けて強いし、バリバリのＧＩ馬なんだけれども、その他の馬っていうのはそんなに大差ないって感じがしていました。そのために出た万馬券、ということも言えるでしょう。

だからあながち偶然だけとは言えない。

競馬がフロックだとは言っても、フロックだって言ってしまえば馬券の予想はできないから。フロックというのを考えたら予想はできませんよ。

それから翌週の最終レースの二十万馬券でもそうなんだけれども、ああいうのは買おうとしていて「これはデカイな」と思ったらオッズは見ない方がいいですね。

万馬券に届いてると思ったらもうオッズは見ない。

そうしないと買い方を考えちゃいますから。

そもそも理論上は、馬番連勝複式馬券が導入されたときに、こういう馬券はボコボコ出る予定だったんだよ。

それが案外出ない。もっと出ると思ったよ。百万円の馬券だって出るかもしれないと本気で思いました。

だから馬番連勝が導入されたときの事を考えてみれば、二十万円の馬券がタマに出たからといってビックリすることはないんですよ。これから先だって出ることはあるでしょう。

ただオープン馬同士の重賞レースで出たというのがちょっと意外なだけで、それは今言ったように、オープン馬がドングリの背比べだったということだったんでしょう。

今考えても、あの少頭数で出たってのは意外だよなあ。よっぽど売れてなかったんだな。

まあ、穴党ファンにとってはいい励みになったんではないでしょうか。

翌週の最終レースの二十万馬券の場合は五百万下クラスの多頭数って条件があるから、荒れてもなんら不思議はないです。あれなんかそれまで出てなかったのが不思議なくらいで、理論上はもっとボコボコ出なきゃおかしいくらいですよ。

大穴馬券で思い出しましたが、九八年は十万馬券を取り損ねて悔しい思いをしたことがありました。

二月の東京競馬で炸裂した十四万馬券であります。

勝ったのが十一番人気のマイネルナポレオンで、二着が八番人気のバンダムゲイン。馬連の11―12は十四万一千五百九十円もつけました。

　コイツは悔しかったですねえ。このとき、私はバンダムゲインから買ってたんですよ。単勝も買っていた。もう少し手広く流しておけば取れたんでしょうが、マイネルナポレオンの馬体がどうしても太く見えて見限ってしまったんです。

　人気薄の馬から買うときは隣の馬を押さえておけ、というのはいつも自分で言ってることなのに。

　理由のないセオリーなんですが、つまりはサラブレッドの闘争心から言って、併せ馬の形になると馬は俄然走る気を出すから、ということなんでしょうね。レースを見ているとよくあるでしょう、内外に離れて走っている馬が体を併せに行くシーンが。

　一頭で走るよりも二頭で併せて走った方が速く走る。だからやっぱり一緒に伸びてくる可能性のある隣の馬には絶えず注意しておかなくてはいけないんです。

　同枠の馬というのは最初からそのお膳立ての出来ている馬なわけだからね。連れてきちゃうんだよ。

　得してそういう形で万馬券になることも多い。そういえば、トロットサンダーとメイショウテゾロのマイルチャンピオンシップの十万馬券もそんなレースでしたよね。

　あ〜あ、それにしても、あれは痛恨だった。

第三章

浅田流必勝法

其の一………予習と復習………

競馬は考えれば考えるほどに見えてくるものだということは前にも述べましたが、とにかくしっかりと予習をして臨むことが大切です。そうすれば馬券的中率は必ずアップするはずです。

その予習段階で、例えば十六頭立てのレースを十頭立てとか八頭立てくらいにまで絞っておく。このくらいは前日でもできるでしょう。

だって十六頭の出走表を見て真面目に検討してみると、どう考えても消せる馬が半分近くはいるはずだから。

これをやっておくだけでも当日の予想はぐっと楽になる。

ただし前日に結論まで出してしまっちゃいけないよ。

それはあくまでも競馬場に行ってパドックを見てからのこと。そうして勝負してもいいレースかどうか、決断すればいい。

結局、予習というのは、勝負する前にどれだけ真剣に検討できるかということだね。ポンポンと、なんの検討もなしに宝くじを買うみたいに馬券を買うヤツは、思いっきり破滅型ですよ。

人間は考える動物であるから、何をする前にも頭を使って考えなきゃいけないんであってね、要は結果論で論じるんではなくて、走る前にいかに考えるかということです。

結果から類推することは非常に簡単。だから解説者のレース回顧なんて実は誰だってできる。

それよりもいかに的確な予想ができるかということの方がはるかに難しい。後から言うのはちっとも偉いことじゃないんです。

人生、後から結果をどういう風に見て、結果から原因を類推したって、実は何の役にも立たない。じゃあそれが反省に繋がるかというと、理由を後づけているわけだから、何の効果もない。

むしろそれで人生良くなるというよりは、それで人生曲がっていくからね。

正しい予習の仕方についてもう少し考えてみましょう。

これはね、私は今、本職の仕事が忙しくなって、なかなか昔どおりの理想の予習ってのができないんですけれども、えー、理想の予習っていうのを申し上げますと、まず第一に競馬新聞というのは必ず前日に、なるべく早い時間に買うことです。

それであらかじめ全レースの予想をたててみる。

そこで必需品となるのが競馬四季報です。四季報ってのは値段は高いけれども、馬券を買うことを考えたら安い買い物ですから。あれをまず買う。

で、本当に綿密にやるんだとしたら、出走する全部の馬に対して辞書を引くつもりで四季報を引いてみる。これはきちんとやれば、はっきりいって一晩かかります。

経験を積んである程度馬がわかり始めたら、取捨選択して気になる馬を中心に引くことで十分になってくるのですが、これは本当に辞書を引くようなもので、労力がかかります。

しかしこれをやることによって、競馬新聞の馬柱、すなわち成績欄に書いてあるデータ以上の、すべての予想の根拠となるデータを網羅することができます。

馬柱っていうのはせいぜい過去四走か五走くらいしか書いてないわけで、ところがその四回五回だけを参考にしていたのでは穴馬ってのはいつまでも見つからない。

そのすべての予想の根拠となるデータを書いてあるのが四季報ですから、四季報を参考にして、過去のレースまで全部振り返りながらやるというようなのが正しい予習の仕方だと思います。

四季報を完璧に読めばすべてがつかめます。

馬っていうのは、明らかに得意不得意っていうのがあるんだよ。どの馬にも得手不得手っていうのが必ずある。

それが馬場状態であったり、コースであったり、距離であったり。やっぱりそういうものを過去に溯《さかのぼ》って読み解くっていうのが重要なところなんだよ。

では次に復習について。

あのね、毎週月曜日に競馬週刊誌を買ってまずやることは、登録馬のチェックよりも前週の復習です。

結局、前の週の復習っていうのはね、土曜と日曜の成績は恐らくみんな競馬新聞に書き込んでいる程度で、それも一、二、三着とタイムと配当金くらいしか書き込んでいないはずなんですよね。だってそれ以上書き込めないから。

だから週刊誌を買った時に、まず完全成績に目を通す。これは大事な復習です。

特に近頃は、レース後の関係者のコメントが全レースしっかりと載っています。あのコメントは割と重要だと思う。

レース前の厩舎情報よりも、レース後の勝因敗因を分析する方が重要。あれはよくチェックしておいた方がいいと思います。

それから競馬新聞は絶対に捨てないこと。私だって絶対に捨てないようにしています。競馬新聞は少なくとも過去一年間は取っておくべきです。

できれば大型のバインダーを買って綴じておくといいですね。新聞を広げた形でそっくりそのまま綴じられるものを売ってるからさ。

だから、いちばん理想的な方法を言うと、週刊誌に掲載された前週の完全成績を、自分の競馬新聞に各レース貼りつけていっちゃうんですよ。私も昔は毎週やっていたものです。で、それを全部貼りつけた新聞を綴じておくんです。これをやっておけば完全ですね。

そうすると、ある馬が次に出走してきたときに、綴じてある新聞を見れば前回のレースのメンバー、その時の人気とか展開とか、一目瞭然で振り返ることができるわけです。

競馬っていうのは横の比較がすごく肝心ですからね。特に条件戦とかのレースだと、前走で何頭かのメンバーが一緒に走ってたという場合が多いからさ。その時の新聞をパッと取り出せて結果もわかるような、その復習がちゃんとできていれば、あとでものすごく役に立ちます。

月曜日に競馬週刊誌を買って、その次の週の登録馬をチェックするっていうのは、すごく二次的な問題で、これはかえって興味ばかりが先に行ってるということです。先ばかりを見るというのは、あんまり意味がないんですよ。翌週の予想を月曜日から考え始めたってしょうがないもん。

だからまだ記憶に生々しい土日のことを考えるのが正解です。

ただしね、週刊誌で競馬ブックを購読するのであれば、競馬新聞も競馬ブックにした方がいいです。週刊誌がギャロップなら競馬新聞は競馬エイトというふうにね。その方が情報の矛盾がなくなるから。

えーっとそれから、ろくに復習もしないで、登録馬を一週間チェックし、だいたい馬のことばかり考えている人は、競馬には勝てません。

何故かといえば、ちゃんとお仕事をしていない人は競馬をいくらやってもだめですから。競馬っていうのはすごくナーバスな世界でありますから、精神的な安定がなければ正確な予想もできないしね。

ギャンブルはみんなそうです。だから実は馬券プロなんてのはクズみたいなもので、本当はいないんですよ。でも、ちゃんと会社勤めをきちんとして、いい仕事をしながら、競馬の収入はそれを上回ってるっていう人はいると思う。

しかし、一週間ずっと馬のことを考えている人は、競馬は勝てない、と私は思います。

それは別に集中力の問題とか、そういうことではなくて、いや～一日は長いんですよ。仕事をちゃんとやったって、競馬の予習なんてのは、平日一日一時間で十分。

そりゃ金曜日と土曜日は時間がかかるよ。週末はかかるけれども、平日なんてそんなにかかるもんじゃないでしょう。

だからその間は真面目にいい仕事をして、あるいは学業に励んで……それで十分だよ。競馬で人生を誤ってはいけませんよ。競馬が人生ではないですからね。競馬は人生を豊かにするものであって、人生そのものではありません。

それから、本当に真剣に予習をしようと思ったら、延々夜中の二時三時まで時間を使うのは当たり前です。これは時間をかけすぎるのがバカなんじゃなくて、三、四時間かけなきゃ翌日の予想なんてできやしないんですから。最低三、四時間は必要だと思いますね。

一般的に言ってね、すごくきつい話をしますが、勉強のできなかった人は競馬をやんない方がいいと思います。向いてないんですよ。

これは、頭がいいとか悪いとか、そういう問題じゃなくて、その人が努力できるかできないか、なんだよ。

だから私だって、机の前に座ってる時間っていうのを延々計算してみるとそうですが、人間は平日読み書きする時間も全部入れれば、一日五時間も六時間も机の前に座ってて当たり前。だから仮に競馬の予習を三、四時間かけて毎週やっているからといって体に悪いわけはないですよ。

私は競馬で体を壊したっていう話を今まで聞いたことがありません。競馬は体に悪くないです。私の場合は予習しながら、楽しくてついつい時間が経ってしまいます、っていうくらいです。これは楽しくやるべきですよ。

そうそう、少し基本的な話をしますが、競馬の予想をするときには、あくまでもヨコの比較です。何がどれより強いか、です。

つまり競馬の予想には、ヨコの比較（出走馬の相手関係）とタテの比較（どの馬がいちばん能力を発揮できる臨戦過程か）があるということなのですが、重要なのはヨコの比較ですね。

これをタテの比較ばかりをしていると、メンバーがドングリの背比べみたいな時は、まったく予想できないから。メンバーのレベルがひどいくらいに低い場合だってあるんですからね。

競馬の予想をするときにはとにかく◎を打たなきゃいけない。○も打たなきゃいけない。これはすべてヨコの比較からです。

ただしね、競馬というのはタテで見なければならないものっていうのも確かにあるのよ。

例えば馬体重の推移。ハードなローテーションで使い込んでいて、成績も上がらずに馬体がどんどん減ってきているような馬は間違いなく消しだろうし、いい成績を残しながらタイムを短縮して、なおかつ馬体重が増えている馬は成長してるんだろうし。こういうのはタテのラインで読まなきゃいけないものですね。

そこでシロウトが間違えやすいのが調教タイム。予習をするときにも、調教タイムは決してヨコで見てはいけない。パッと見たときに、この馬が一番時計だとかね。

あれは馬によって追い切りの日も違えば時間も違うし、単走だったり併せ馬だったり、強めだったり馬なりだったり、と個々の馬によって違うものでしょう。馬場を回ってきたコース取りによってもタイムは全然違うんだから。

調教タイムは間違いなくタテに見るものです。

同じ馬はだいたい同じような方法で調教するから、前回は馬なりでこのタイム、今回は強めに追ってこのタイムという比較でその馬の調子を判断する材料ができるわけだよね。

とはいえ、競馬の基本はどれが強いか、です。一番の馬よりは三番の方が強いという考え方ですね。まずヨコの比較をして、ある程度絞り込んだら、それからタテの吟味をして、さらにヨコの比較に戻って決断、そんな順序でしょうか。

要は両方やらなきゃいけないわけですよ。

まあ、レースそのものの予想はレベルの上下の問題もあるから、やっぱりヨコの比較ですね。どんなにひどいメンバー構成でも勝つ馬は必ずいるんだから、その馬を当てなきゃいけない。

私は昔「完璧ヨコ予想」という予想法を試みていた時期がありまして、これはどういうことかと申しますと、出走馬同士の対戦成績だけで予想するっていうやつ。

コイツはアイツよりも強い、アイツはコイツよりも弱い、という勝敗表をつけてやっておりました。これはけっこう的中しましたよ。

今はレース体系が多様化して、初めて対戦するケースが多く、もう通用しないだろうけど、障害なら使えるかもしれません。また北海道開催のような滞在競馬なら案外、威力を発揮するかもしれませんね。二頭の前走のタイム差をチェックして、これだけの差があるんなら今日は第三の馬が絞り込んでくるだろうとかね。これは完全にヨコの予想ですが、けっこう有効です。

其の二………近代競馬の傾向と対策………

最近の競馬で特に言われることの一つに「スローペースのレースが多い」というのがあります。

私も予想をする上で、展開はかなり重要視するんだけれども、妙にスローペースになる時期ってのがある。

というよりも昔に比べて、近代競馬は確かに「レースのスローペース化」という現象にあると思いますね。

なんでだろう。出走頭数は増えてるのにね。

ただ原則として、後方一気型の追い込み馬っていうのは、近代のスピード競馬ではどんどん不利になると思います。それがいよいよ顕著になってきたってことなんでしょうね。

今の競走馬は、ある程度のハイペースで行ったたって、最後の直線でバタッと止まることが少なくなっていますよね。ハイペースでも、そこそこのタイムで上がるんだから。

昔みたいに、ダートの上がりが四十秒を超えていても勝っちゃうような、そういう競馬と今は違うから、脚質的に後ろから行く馬はやっぱり不利だと言わざるをえないですね。ということはつまり、後ろから行く馬を馬券の軸にするべきではないですよね。馬券作戦の上で、先に行く馬が有利という考え方は必要だろうと思いますよ。

それにしても最近の競馬は、馬そのものが増えちゃってしょうがねえよな。いくらバブルが弾けて久しいとはいえ、昔と違って馬がそれだけ売れるワケですからね。

今は馬が異常なほど多いじゃないですか。

これはやっぱり共同馬主クラブのシステムが盛んになったせいじゃないでしょうか。なんだかんだ言って、二千万円、三千万円するものを、個人の人間がそんなに出せるワケはないもん。

それにつけても何とかしないと、今の出走頭数ってのはもうパンク状態だよ。

どこもかしこも除外ラッシュでしょう。

除外っていうよりも、もう、出走権が当たるって感じですよね。九七年暮れの中山競馬からこっち、多いときはフルゲート十六頭に対して七十頭とか八十頭とか申し込んできている。だからそういうのってのは、もう除外になるんじゃなくて、出走権を得る、つまりハズれるんじゃなくて当たるってことでしょう。

外れることよりも当たる方がむずかしいんですから。あれはちょっとなあ。

実はこの除外ってのが余計に今の競馬を難しくさせてると思うんだよ。

出走除外になって他のレースにまわる、次の週にまわるっていう馬は、やっぱり馬券的に買いづらい。狙ったとおりのローテーションでレースを使えないというのは、陣営にとっては大きな誤算だろうし、それが馬体重の大きな変動みたいなのになって現れるんでしょうね。

それも一週の除外だけではなくて、場合によっては二週間も除外を喰らう例もある。

やっぱり除外されてくると、馬体が太い場合が多いよ。そこを目標にして一回仕上げたものを、ゆるめる形になっちゃうわけですから。

だからファンにとっては、それについて何か知る方法があれば、つまりどういうふうに除外されたのかっていうのがわかれば面白いよね。

いつ、どのレースに登録して除外されてたのかというのは、ものすごく参考になると思う。それは十分に予想の要素になると思います。

狙ったレースにきちんと出てこられる馬はやっぱり買える要素が多い、ということははっきり言えると思いますね。

そりゃなんといったって、今はほとんど全部のレースが十六頭とか十八頭でしょう。全部フルゲートで出てくるんだから、あんなのちょっと前だったら信じらんないですよ。

二五〇〇メートル戦でフルゲートとか、分割してもフルゲートでなおかつ除外ありとか、いったいどうなってるんだろうね。

競馬がいよいよむずかしい。どんどんむずかしくなっている。

こうなりゃJRAはもう早くに新しい馬券を考えた方がいいですよ。フルゲート十六頭の三連複とか三連単、なんてのはやっぱりおもしろいと思いますね。

今が、やるチャンスなんじゃないのかなあ、競馬会。そういう意味じゃ、これだけ馬の多いときってのはいろんな可能性があると思いますね。

馬券の種類は増やすべきだと思います。

しかし、大井競馬の馬番連単みたいに、作ったにしちゃ思ったようにはデカイ馬券が出ない、というようなことになるとやっぱり話題性がなくなってしまうから。

とりあえずは三連複馬券だろうね。世界の趨勢《すうせい》から言ったら、連単や三連単よりも三連複だと思いますよ。外国の競馬で売り上げを取ってるのは三連複、いわゆるトリオ馬券でしょう。あれはやるべきだと思うけどね。

一年を通じて競馬を考えると、特に競馬の難しい時期というのがありますよね。

今はフルゲート必至の多頭数競馬が多いから、いつでも難しいんですが、それでも季節的な馬券戦術の特性というのも確かにあるような気がしますねえ。

例えば、冬場の馬券は、一月の一回中山開催、二月の一回東京開催ってのは勝負しちゃダメだよ。ローカル競馬以上に勝負できないと思います。

不思議なもので年末と年始っていうのは、そんなに間があいてるわけじゃないのに不連続性があるでしょう。

一月の中山競馬は、雨は降らないけどパンパンの良馬場にはならない。寒いから霜がおりて、朝はどうしてもそうなります。だからダートが深くても走破時計は出るんですよね。あの馬場で出走頭数があれだけ多くて、やっぱりまともな馬券は買えないですよ。必ずしも逃げ有利とは言い切れなかったりするんです。

それから、気をつけたいのが、中京・小倉・新潟・福島などの裏開催で走って帰ってきた馬たちの一発。

今は暮れの中京帰りの馬には注意した方がいいと思いますよ。十二月に中京で走って、それから一月の中山や京都開催に出走してくるヤツ。

これは、陣営の思ってるとおりに使ってるということなんでしょうか。そこのところは私もよくはわからないんですが、中京はたぶんそんなに除外が出ないんでしょう。だから中京に行くっていうことは勝つにしろ負けるにしろ、とりあえずローテーションどおりに使ってるということなんじゃないかな。

ということはこっちの中央の場所で除外を繰り返したり、多頭数の激しい競馬をするよりも、中京で一回使ってきた馬の方がいいっていうことですよね。九八年の一月は、関東でも関西でも異常なくらい中京帰りが目立っていたような気がしますよ。

これに関して言うと、秋の福島帰りっていうのもありますね。

秋の福島帰りと、正月の中京帰りってのは例年あるんだよね。これも今の競馬の一つの予想のポイントでしょうね。

それからもう一つ。これも通用すると思うんですが、最近は公営の地方競馬との交流レースがことに多くなってきております。

が、公営の馬っていうのは、今はやっぱり中央競馬とはレベルの差があると思いますよ。だから公営から中央に移籍してきた㊞の馬っていうのもなかなか勝てないし、同じクラスの条件ではやっぱりむずかしい。実力はおそらくワンランク違うと思います。それと、公営に所属したままで挑戦してくる[地]の馬たちもほとんど用なしだよ。かと言って頭数は相当出てくるから、あれはほとんど「来たらごめんなさい」で、馬券の対象からはずしていいと思

か。

そういうふうにかなり決めつけて考えれば、馬券を買う参考にはなるんじゃないでしょう。㊞も地も。

この裏返しのもう一つの考え方として、こういうことも言えると思う。

中央から地方の交流レースに出ていって勝ち上がってきた馬。これも中央で上のクラスに昇級してもたぶん用なしであることが多いです。ほとんどそうでしょう。

たとえば浦和競馬に出掛けて行って未勝利戦を勝って、中央に戻って五百万下クラスに出走してきても、中央じゃ通用しない。それもまあ一つのポイントでしょうね。

でも、もしあれが同じレベルだったら馬券がむずかしくてしょうがないですよ。地方競馬まで見に行かなきゃ馬券が全然わからなくなっちゃうってことですからね。

まあ、これは私事ですが、最近、海外の競馬場へ出かけることが増えてきて、そうすると馬券の種類が多くて多くてね。それも三連単とか三連複とか当たれば配当のデカイ馬券を買うものだから、必然的に買う点数が多くなってしまうわけですよ。

だから、というわけでもないのでしょうが、日本に帰ってきても、点数多く買うのがクセになっちゃって困ります。バリバリ十点ずつ買っちゃうこともありますからねえ。

困ったもんですよ。そうかと言って、そういうのはみんな当たんないんですよね。

五点に絞って買ったレースが当たって、いっぱい点数を買ったレースは当たらない。そういうもんですね。

競馬で取れるレースっていうのは大概絞ったレース。

それに、こういうふうに多頭数のレースばかりになると、どのレースが自信あるかっていうと、そんなこと言えないんですよ。だからどうしてもベットリ買うことになってしまう。

そういう意味では、とにかく今は馬券も予習が必要ですよ。

今言ったような㊞がどうのこうのだって、中京帰りがどうのこうのだって、厩舎がどうの、ローテーションがどうの、とかっていうのはその場ではわかんないから。競馬場で締め切り時間に追われているときに、そういうことまで全部はわからないですよ。

だからやっぱりある程度予習しておいて、切れる馬はあらかじめ切っておく。そうして臨まないと十六頭の多頭数は当日だけでは捌《さば》ききれない。

おまけに関西の競馬も多頭数で面白いから、どうしても向こうの馬券も買いますからね。

それにしても京都の競馬って面白いですよね。あれは馬場が面白いと思う。

其の三……出目について………

競馬ファンの中には出目《でめ》信者ともいえる人種が存在しているようです。

この出目論にも各種さまざまな手法があるようなのですが、私はまったく出目は気にしません。

ただし、今日は何の目が出てるっていうことは気にしないですけれども、根拠のある出目というのはある場合があります。

根拠のある出目ね。どういうものかと申しますと、これはその日の馬場状態によってどうもダートの内枠は砂が深くて不利であるとか、ダートの内側に水が溜まっているであるとか、芝を使いすぎて内側がまったくはげているとか。

それとは逆の場合もあるでしょうし、だからそういう意味で出目が偏るというのは実は競馬でもあるんです。

それから、これも出目の一種と言えなくもありませんが、競馬場のコースによっても出目のクセはあります。例えば中山競馬場のダート一二〇〇は外枠が有利である、とかね。中山ダートの一二〇〇メートルというのはゲートが曲がってる関係があって、外枠、特に先行馬が外枠に入った場合には明らかに有利です。それから東京競馬場の場合でいえば、芝の二〇〇〇メートルは馬場が良ければ、内枠に先行馬が入った場合はこれは明らかに有利、というようなことがあります。

そういう意味での枠とか出目というのは気にしますけれども、格別に根拠のない、合理的な根拠のない出目というのは、私は一切無視いたします。

とはいえ、その一回の開催であまりにも、どっかの出目に偏るというときに、何かの根拠を探すということはある。何故だろう、と出目が集中している原因を探すことによって、逆に馬場の傾向などを考えたりするわけです。

それからもう一つ、これは出目と言えるかどうかわかりませんが、私が気にするのは隣り同士の馬。自分が買おうとしている馬の隣りの枠にどんな馬がいるのか、そういう並びの馬番っていうのはけっこう気にするんですよ。

なぜ気にするかというと、サラブレッドっていうのは非常に闘争心の強い生き物なので、隣り合わせた馬で競るとか、負けないように走るとか、そういうことが性質的にあるようですね。そういう点で、隣り同士の馬が好走するっていうのは現実にあると思う。

調教を見ていてもわかるように、単走の場合と併せ馬の場合とでは、調教時計が違うわけでしょう。

これは、サラブレッドの基本的な性格を物語っているわけで、人間の場合は一人で走っても一生懸命走れるし、二人で走ったから速く走れるということはないんだろうけれども、馬の場合はやっぱり闘争本能というのが非常にある動物ですから、二頭で走ると速くなる。

だからそういう点で、これを競馬というレースのスパンで考えたときに、隣り同士の馬というのは来る可能性が高いと私は思っています。ある馬が隣りの馬を引き連れてきてしまう場合ですね。

これは昔、枠番連勝しかなかった時代によく見られた現象で、人気馬と同枠の人気薄馬が突っ込んでくるとか、あるいはそれとは逆に同枠の人気馬がつぶれてもう片方の人気薄馬が代役で来るというようなケースが多々ありました。

私は代用品が来るというのは馬の闘争心っていうのと関係があるんじゃないかと思うんだよ。だから隣り同士っていうのは常に気をつけています。

これもある意味で一つの合理的な出目だと思うんですけれどもいかがでしょうか。

まあ、私が考える出目っていうのはそれくらいですね。

それからケントク買いみたいなものっていうのは一切やめた方がいいですね。宝くじ状態で買うっていうのは当たってもつまらないし、予想しててもつまらないから。だから今日は十一月八日だから8―11とか、第三十二回だから2―3だとかそういうのも当たってつまんないからやめた方がいい。

競馬の予想をする時というのは必ず、後で「なんで買ったの」って聞かれたときに答えられる買い方をしないとつまんない。

よく、出目をずっと書いていって、そのトータルをとってる人がいるんだけれども、それもある意味では確かにあるかもしれないんだよ、確率論として。ある種の統計だよね。それもあるかもしれないんだけれども、つまんないって。当たったところで、競馬がつまらない。それによって競馬の本来の面白さを捨てているわけですからねえ。面白さを捨てるわけだから、それに見合った分だけの見返りが、じゃああるかって言ったらあるわけないですから。だからやっぱり出目で競馬をやるってのはやめた方がいいですね。

偶然ってのはつまんないですよ。

競馬の面白さは推理の面白さ。ま、出目も推理のうちかもしれないけれども、一番つまらない推理だと私は思います。

其の四…………パドック…………

私の馬券戦術において、パドックはもっとも大切な要素であります。

私が常に競馬場に行くように勧めるのは、パドックの存在が大きいですね。パドックを見ることなしには、馬券の決断をすることはできません。それもできるだけ生で。それほどに、パドックで実際に馬体を見て決断するということは、どんな優秀なデータでさえ敵《かな》わない秘密兵器になるのです。

いくら最近の成績がいいとか、今週の調教でいい動きだった、とか言われても、それからレース当日までの間に体調が変わることだってあるじゃないですか。当日いらついてパドックで暴れている馬がレースで好走するのは容易ではありませんからね。

さて、パドックで実際に馬を見て、出来の善し悪しを判断するということは、鍛練しかないでしょう。

馬がきれい、とか言ってパドックではしゃいでいる人たちには馬体を論じることはできない。あくまでも馬券に結びつく馬の見方をしなければいけません。

でもこれは、素人の方でもある程度はわかるんですよ。パドックで何周も周回している馬をジッと見ているうちに「あっ、あの馬は雰囲気がいいな」とか「いちばんキビキビしているな」というのは感覚としてわかるものですよ。

それを毎週毎週、ずっと続けていくと、一頭の馬についても調子のいい時と悪い時の違いが見えてくるようになります。もちろん馬にもそれぞれの特徴がありますから、どういうふうに見えるときに走るのか、走らないのか、それを覚えていくことが大切ですね。

パドックでの馬の見方を練習するには、下級条件クラスのレースほどいいと思います。これは調子のいい馬と悪い馬の仕上がりの差が顕著に現れることが多いからであります。あるいはまた、下級条件のレースでは、これからドンドンと上のクラスで活躍するために勝ち上がっていく馬と、このまま下のクラスで走る馬との能力差もはっきりしていることが多い。

これがオープンクラスの馬たちともなると、一流馬の戦いゆえ、どの馬も究極の仕上げでくるので、よほど見慣れている人じゃないとわからないくらい、全部の馬が良く見えてしまうことがあります。

だから、これからパドックの勉強をしたいという方には、ぜひ午前中の早いレース、つまり下級条件クラスのレースから始められることをお勧めしますね。

同様の意味で、三歳新馬戦というのは馬体の善し悪しを判断するには格好の学習材料であります。三歳新馬戦の場合は最初からきっちり体を作ってきている馬と、緒戦からは作って来ない馬と、これは明らかにいますからね。腹回りがタッポンタッポンしている馬もけっこういるね。

新馬戦のパドックは馬体ができているかいないかで、これが馬券のいちばんの根拠になるんじゃないかな、と思います。調教も大切だけどパドックの方がより重要でしょう。


競馬歴の長い人でも、新馬戦だけは馬券を買わないという人がいっぱいいます。

それだけ新馬戦は情報量が不足しているということなんでしょうね。そりゃそうですよ。まだ一回も走ったことのない馬たち同士のレースなんですから。

血統馬や評判馬などを中心に買っていてもなかなか的中しない。新馬戦に出る馬がいつから乗り込み始めたか、何本調教時計を出したか、という情報だけではやっぱり勝負はしづらいですよね。

それでも私は、新馬戦は好きです。

どうしてかって言うと、新馬戦は自分の目で見て買うっていう要素が一番大きいから。

で、新馬戦で勝負するなというのは、ウインズでは買うなということです。新馬戦の馬券を買うんだったら、必ずパドックへ行って肉眼で見てから買え、というのは言っておきたいですね。

だから私も仕方なくウインズで買う時には、まさか新馬戦で勝負したりはしない。今はテレビ映像もよくなって、よく見えるんだけれども、やっぱり細かいところまではわからないから。

やっぱり馬場に行ってパドックで目を皿のようにして見た時に、いちばん馬がはっきりとよくわかるのは新馬戦ですよ。

馬体ができてない馬っていうのは全然できてないし、おなかはボテボテ、それから態度、動作がキョロキョロしてるとか怯えてるというのがよくわかる。発汗している馬もいますね。そういうのがすごくよくわかるから。

これは、人間と同じで馬もレースの場数を踏むと落ち着いてくるんですよ。デビュー戦っていうのはそれぞれ馬の性格もあって、どんな評判馬だって、ビビってる馬は勝てないし、馬体のできていない馬は走れない。

それでも確かに、本当にずば抜けて強い馬っていうのは八分の出来でも勝っちゃうことはありますよ。それは来たらしょうがないんだけれども、パドックを見ておけば、そういう面白いことまでわかるから。ああ、この馬は全然仕上がっていないのに勝つというのは、力が抜けているんだなってね。

とりあえず新馬戦は、馬券が取れる取れないを別にしても面白いですね。

例えば競馬新聞の印が新馬戦ではどういうふうについてるかっていったら、あれはその日のパドックを見て印をつけられるわけじゃないんだから、つまり、調教とか評判とか血統とか、そういう要素から印がついているのであって、だから本当に強いか弱いかっていうのといちばん関係ないのが新馬戦。

不確定要素が多い。だからこそ面白い。本当は強い馬が堂々と勝ってるのに、それで何千円もつけたりするっていうのが新馬戦です。

過去においてもずいぶんあるけれども、あとで強くなった馬が必ずしもデビュー戦で一番人気かっていったら、そんなことはないわけですよ。まったく無印だったっていう、後のオープン馬だっていっぱいいるわけでね。そういう面白さがありますよね。

乗り込み時計とか調教時計っていうのも、確かにあるんですよ。

だけどこういう新聞の上に書いてある要素よりも、何しろ当日の出来ですね。これは数字以上によくわかる。

例えばどんなに調教タイムが速くたって、馬がボコボコに太いがために、目一杯に追って速い時計を出したっていう場合だってあるわけだから。

ともかく新馬戦を買う人は、ウインズではまず取れない。

故尾形藤吉調教師が「新馬戦だけは手を出すな」って言ってるというのは、要するにそれだけわかりづらいぞって言ってるのと同じなんですから。逆にいえば、仕上がってる馬とそうでない馬がいるぞ、と。当日行って見なさい、と言っているのと同じことですよ。

新馬戦はパドックを見る、いちばんの練習になります。

また、公営競馬のパドックっていうのもすごく勉強になります。というのは、自分たちが公営のレースを全然知らないから。

いつも見ているわけじゃないし、たまに行くだけだと新聞の読み方もよくわかんないし。だから頼れるものっていったら、パドックで見た馬の気配しかない。

それだけ一生懸命に見るから、とっても勉強になります。

私も公営競馬に行くときには、ほとんどパドックしか見ないです。だって新聞なんか見たってまったくわかんない。だから出走表だけあれば、新聞を買わなくてもいいくらい。公営に行くときはだいだいそんな感じですよ。でも、それはそれで面白い。

それから、パドックの見方についてはいっぱい言っているとは思いますけど、柵にかじりついてもよく見えませんし、あまり遠く離れていてもよく見えません。

いちばんまずいのは高見から見下ろすことですね。

そういう意味で、阪神競馬場と京都競馬場のパドックはいいですね。両方ともいいです。

中山競馬場はよくないし、東京競馬場もある意味ではよくない。スタンドから遠くなっちゃうんですよ。

関西地区はいいです。阪神競馬場のパドックは浅い感じで、スロープがなだらかでいいですね。遠くから双眼鏡で見てもほぼ水平の位置で見られるという、あのパドックを設計したデザイナーは、よっぽど競馬をよく知ってる人でしょうね。

それとは逆に、福島競馬場のパドックは最悪ですね。ツボの底をのぞき込むようなパドックですから。

関西の競馬場のパドックっていうのは、テレビで見ていても実によく見える。阪神も京都もパドックの向こう側が白いタイルになってるんですよ。だからあそこを通過するときに、ちょうど馬のシルエットが完全に見える。あれはいいですよね。馬の太い細いが本当によくわかるよ。

あっ、そうそう、新馬戦のパドックの見方でいちばん重要な点を言っておきましょう。

これは馬の気合いですよ、気合い。

それは新馬戦は、ビビっちゃってる馬と、自分が何をやるか、わかってる馬とわかってない馬がいるのよ。で、これからレースをやるぞっていう馬は気合いが入ってるから。気合いが入ってるってことは新馬戦を勝つ最大の条件。気合いがなくて厩務員さんに引かれている馬もけっこういますからね。そういう馬はほとんど全部切ってもいい。

新馬戦ではそういう馬の性格が顕著に出ます。ぜひともそのようにして下さい。

其の五……騎手……

最近の若いファンの人たちは、馬よりも、騎乗している騎手で馬券を買うことが多いようですねえ。

私も馬券作戦上、騎手っていうのは、考えることは考えますけれども、世間で言われるほどには重要視していないと思います。

ちょっと騎手主体に考えすぎじゃないの。世の中全体がちょっと騒ぎすぎじゃないのかな。たとえば騎手の上手い下手っていうのはよく言われるけれども、多くの場合、結果論に引きずられているから、負けりゃ下手で勝てば上手いってね。

私としましては、騎手っていうのも確かに一つの重要な予想のファクターなんだけれども、これはあくまでも補助的なものであって、予想の主体ではないという考え方ですね。

まずは〝馬〟であり、競馬は「くらべ馬」なんだから。

予想のファクターということでいうなら、私は、騎手の腕をそのまま信頼するというよりも、騎手の馬の選び方の方を信頼するし、いちばん気になりますね。お手馬が三頭いる中からどうしてこの馬を選んできたのかってね。岡部騎手がお手馬の中からこれを選んだという、それは考えます。これは裏読みでもなんでもなくて、正当な読みだと思うけどね。○○が乗ってるからというだけで勝負するというのはちょっと、違うと思う。

とはいえ、どうしてこのように、騎手で馬券を買うような時代になってきたかということを考えると、今の理想の競馬は先行チョイ差し、そういう競馬になりつつあるんです。騎手の乗り方にもよるのでしょうが、例えば武豊や岡部のやるような騎乗方法ってのが主流になりつつあるし、それが近代競馬にあってるんだと、そういう感じになってきているように思います。

確かに昔の競馬に比べりゃ馬の個性がなくなって、なんとなく競艇的というか競輪的というか、そんな感じにはなってるけどね。

それもサラブレッドの進化がハイレベルのところまで来たっていうことなんでしょう。だから、騎手の技量がモノを言う、というのが昔以上に、より一層言えるってことだろうな。

そういう意味で、騎手で馬券を買う、という要素も昔よりはあるのでしょう。

運動神経がよくて、好位にピタッと付けられて、馬群がさばけて……そういうカンのいい騎手がモノをいうと思う。

クセのある乗り方をする騎手というのはやっぱり不利でしょうね。これから先は武豊式の柔らかい乗り方をする騎手が主流になるんじゃないですか。

実際に騎手で買う馬券となると、それはインサイドの人たちがいちばんよく知ってるはずです。つまり、この騎手は乗れる、乗れないっていうのがはっきりわかってるはずだからね。だからある特定の騎手に乗り馬が偏るでしょう。お手馬が偏るから、余計に差が開くんです。

競馬週刊誌に騎手の成績表が載ってるのを見ると、連対率が一割に満たない騎手が結構多いですよね。そんな連対率○点台の騎手っていうのは最初っから、どんな強い馬に乗ろうが、馬券の対象から全部切ってしまってもワリに合うってことなんですよ。あの連対率は年末になってもあんまり変わらないんだから。

そして、○点台のわりには一日に五レースも六レースも乗る騎手だっているから、それを全部はずして買えば、その買い方だけでプラスになるんじゃないかと思うんですよ。

つまんないけどね、大人の買い方としては。つまんない買い方だけど、それはあると思う。

騎手といえば、史上最多勝を更新し続ける岡部幸雄騎手が、タイキシャトルで海外GIを制覇するなど今なお健在ですが、私が競馬を始めた頃は、まだ岡部騎手も柴田政人騎手（現調教師）も若かった。的場騎手があんちゃんくらいだったかな。

岡部と柴田政人は若手のエースだったっていう気がしますね。だからその後、私の競馬人生と並行してほとんどつきあってきたわけですよね。

その頃はリーディングジョッキーが加賀武見騎手（現調教師）とか野平祐二騎手（元調教師）とか、それから保田隆芳元調教師も現役騎手だったからね。野平祐二が、今の岡部みたいな感じでエースだった。

だから私が競馬をやる時にはずっと、常に岡部がいたわけです。

ジョッキーっていうのは、こうやって見ると不思議なんだけど、いちばん最初に大器と言われて鳴り物入りで出てきたヤツが、じゃあそのままずっと順調にいくかというとそうでもないんですよ。

例えば私の記憶で、田面木《たもぎ》騎手なんていうジョッキーはいちばん最初、デビューした当時はすごく評価が高かったんだけれども、いつの間にか大人しくなっちゃったし。他にもそういうジョッキーはずいぶんいますよ。

でもやっぱり岡部は最初からいいジョッキーだった。そのまま王道を歩んできたんじゃないでしょうか。加賀さんが引退したあたりからかな。岡部時代っていうのはもう二十年くらい続いてるんじゃない？

これだけのジョッキーになると、例えば岡部が引退すると、競馬がわかんなくなる面もあるんじゃないだろうか。

岡部の乗ってる厩舎の馬が誰にいくのか、それによって若いジョッキーの運命が決まっちゃうみたいなところもあるんじゃない?

岡部の人生をずっと見ると、彼の乗っていた馬で、やっぱりいちばん記憶に残るのはシンボリルドルフでしょう。このGI七冠馬とのコンビは、史上最強のゴールデンコンビっていう感じがするね。

シンボリルドルフはちゃんとある一定の期間、六歳の春までレースをしたし、その間ずっと岡部が乗っていた。そういう意味で印象が強いし、いっつも強いレースをしてくれたからね。

あとはホラ、誰と誰の組み合わせっていっても、勝ったり負けたりしていたり、それから走った期間が短かったり、ときどき誰かに乗りかわったり、なんてことがあるんだけれども、シンボリルドルフ&岡部の場合はそういう意味でそれらすべてをクリアしていましたから。

岡部にとってもいちばん忘れがたい馬だと思うよ。

また、あのシンボリルドルフの活躍した頃から、近代競馬の主流である〝好位差し〟の時代になってきましたね。

岡部っていうのは、もともとそうなんだけれども、やっぱり好位差しっていう形を完成させたジョッキーって感じがしますよ。

今はもうほとんどが好位差しのジョッキーになっちゃったけれども、昔のジョッキーはすごくクセがあって、郷原洋行騎手（現調教師）や吉永正人騎手（現調教師）は後方から追い込むタイプだったし、増沢末夫騎手（現調教師）は逃げ戦法だし、というような個性が強かったんです。

近代競馬は、みんな馬が大きくなって筋肉の量も昔とは違うし、そうするとどんなペースで行ったってある程度の上がりタイムで上がっちゃうから、好位についていないと勝てないっていう、そういう理屈だと思う。だから近代競馬の騎乗法の主流が好位差しの競馬になったっていうのは、あれは馬がデカくなったからだと私は思います。

今の馬の平均体重と二十年前の平均体重を比べてみたら、たぶん二十キロくらい違うのではないでしょうか。その分というのは筋肉の量だからさ。

そうするとやっぱり騎乗法としても、ある程度先行していないとね。岡部と柴田政人っていう二人のジョッキーがそういう競馬をしたのは、やっぱり正解だったんだよ。そういう競馬じゃなきゃいけなかった。

で、かくいう私も馬券生活三十周年ということらしいんだけれども。そうか、三十年か。

ヤですねえ。三十年かよ。

初めて競馬をやった頃の馬たちが、今ではもう何も生きてないって考えると悲しいですね。

感慨って言われても別にね。〝通過点〟(笑)でしょう。

其の六…………連勝中の馬の取捨について…………

前走で一着になった馬は次のレースでも人気を集めることが多い。二連勝している馬なら、ほぼ確実に人気になる。三連勝四連勝なんていったら圧倒的な一番人気でしょう。

そういう馬の取捨をどう考えるかで、馬券の買い方は大きく変わってくるでしょうね。

では、例の多いところで、二連勝してきている馬が、次のレースで三連勝できるかどうかを判別するヒントを申し上げましょう。

それは、この考え方がいいと思う。

未勝利クラス—五百万条件クラスを連勝した馬はいいんですよ。

でも、五百万条件を二連勝して九百万条件に上がってきたような馬は、この馬は危ない。恐らく負けるでしょうね。

未勝利、あるいは新馬戦から五百万条件っていうのは、まだその馬の能力の底が見えてないんだから。

もちろん九百万条件に上がって惨敗するかもしれないけれども、もしかしたら最初からそのクラスの馬ではない、もっともっと上のクラスでも通用する馬っていうのもけっこういるんですよ。後のオープン馬になるっていうのは、必ずどこかでそのステップを踏んでるから。だからこの場合はやっぱり三連勝する確率も非常に高いと思います。

そのへんのステップの関係でしょうね。

だから五百万条件を二連勝した馬でも九百万条件を二連勝した馬でも、同条件を二連勝した馬は、次の時には消える可能性が高いっていうのはいえると思う。

なぜなら、これはレースを選んで使ってるんだよ。つまり「自分のところの馬はここで稼ぐべきだ」って関係者が考えているからやるわけで、この馬は将来間違いなくオープンクラスの器だと思えば、そういう賞金なんか考えないですよ。考えないでもいいローテーションで使ってくるはずですから。

それを同時に考えてみれば、五百万条件を二回勝つ馬とか、九百万条件を二回勝つ馬は、実はその程度の馬だっていう考え方もできるんですよ。

案外それを見落としてしまうんですよ。コイツはずっと①①が並んでいるからすごく強い馬なんじゃないかって、でもそうじゃないです。レースを選んで使っているから、勝ってる。

そういう場合、三連勝を狙うレースでもある程度人気になるからね。

おそらく未勝利と五百万条件を連勝した馬っていうのは今度は走破時計を見られるから、

その時計が平凡であった場合は、次に人気を落とすこともあるけれども、九百万条件を二連勝した馬が千六百万条件に上がった場合には、ある程度の人気にはなります。これが盲点ですね。

私は、同条件の連勝馬がクラスを上がってきた時には、人気があろうが、大体自信を持って消しますね。この馬、千六百万条件を勝てるぐらいだったら最初からそういうふうに使ってくるはずだという考え方です。そのへんが日本の競馬の賞金体系のマジックなのではないですか。これは大いにありうると思います。

ウラから回って考えてみれば、やっぱり調教師にしてみても、この馬にどのくらいお金を稼がせられるかっていうことが、馬主さんに対しての責任なんであってね。

馬主さんにしてみても、この馬でいくら稼ぐかが目的ですから。

当然私たちが考えているのとはぜんぜん違う頭で彼らは考えているはず。

馬の能力は十分にわかってるはずです。

其の七………お手馬について………

競馬をやっていると誰でも〝お手馬〟ってのが何頭かいると思います。このお手馬を何頭持っているか、これが馬券を勝ち抜いていく上で非常に大切なことなのであります。

多くの人はお手馬っていうと〝自分の好きな馬〟という考え方をするんだけれども、好きな馬とお手馬は違います。

そうじゃなくて、この馬のことに関しては、どういうレースでどういう条件でどういうパターンの時に走るのか、どういう形なら走らないのか、どういう馬体の時に走るのか、ということを知っているのが、実は本当のお手馬なんですよね。

だから、そういうのを自分で何頭か作っておければ、馬券の決断をするときに「買いか消しか」というのがはっきりするわけです。

例えばアミサイクロンという馬がいましたが、この馬は私にとってとても大切なお手馬でした。この馬の特性を理解していたおかげで、八〇〇倍を超える馬券を手にしたこともあります。

アミサイクロンはダートの短距離で活躍していた馬です。ただし、いつもそこそこに善戦はするのですが、自分の勝ちパターンにハマらないとなかなか勝てないというタイプの馬でもありました。

この馬が準オープンの身ながら格上の重賞に挑戦してきました。中山競馬場、ダート一八〇〇メートルのマーチS。ハンデ戦ですから、実績がないぶん他の馬よりも相当にハンデは軽かったと記憶しています。ましてやアミサイクロンの好走歴はダートの一二〇〇メートルに集中しており、しかも中山コースよりも東京向き、距離適性にも疑問あり。そんなわけで十八頭立ての十四番人気という低い評価でありました。

しかし私はお手馬であるこの馬から勝負しました。着順はともかく二〜三走前から毛ヅヤが非常によくなって、全体的にいい気配になってきていたのをしっかりとチェックしていたのです。東京の一二〇〇メートルで走ることのできる馬なら中山の一八〇〇でもペース次第で走れるはずだと。ハンデ戦だし、中山コースなら小回りだし、このへんで一発穴をあけてもおかしくはないんじゃないかと考えたわけですね。

私はこういうお手馬をいつも何頭かキープしています。

このいちばん簡単な見つけ出し方っていうのはね、万馬券を出したことのある馬。

そりゃ、その一度の万馬券がフロックであってその後永久に来ない馬ってのもいますよ。でも万馬券を出した馬の、もう一つのパターンというのは、「本当は強いんだけど」という下地のある馬。でも何らかのある激走パターンにはまらないとその実力が引き出せないっていう馬。

だからこそ万馬券を出したんだ、という単純な考え方をすると、その馬が改めてどこかで万馬券を出す可能性はすごくあるんです。

そういう見方でお手馬を探して自分のものにしていくと、競馬はもっと面白いと思いますよ。ただ武豊騎手が乗ってるからとか、オグリキャップの仔だからとか、そういうふうにして競馬を好きになるというのは、競馬をショーとして見ている。ギャンブルとして考えるんならやっぱり違うと思いますね。

ただいくらお手馬だと思ったとしても、何が何でも、出走してきたらいつでも買うってのはダメですよ。走るパターン走らないパターンがあるんだから。

だから、その見極めとして競馬四季報を読む習慣というのが大切なことだろうと思う。ともかくこういうふうに考えるわけです。小説家っぽい考え方かもしれないけれども、馬の立場になって考えてみること。

私たちから見れば、例えば十三頭の馬が出走してくれれば十三頭のパラレルワールドを考えてしまうわけ。でも馬っていうのは他の馬のことは考えてないし、特に馬券を買う客のことなんか全然考えてないですからね。馬は自分のことしか考えていない。

でも恐らくダート馬は、自分はダートは走りやすいってのは知ってるはずで、今日はいけるぞと思ったりしてる。それは馬の世界の話ではあるけれども、実は競馬四季報の中の、デビューしてからの戦績にすべて隠されているんです。そう、四季報こそがお手馬をチェックするための最高のテキストです。

四季報をじっくり読み込むというのは、馬券の推理をするときに、例えば競馬新聞を二つ買って研究するとか、そういう知識とは全く違います。

いろんなコメントを目にすると、各新聞のコメントが矛盾している場合だってあるでしょう。それはただ混乱するだけだから。今みたいに資料が氾濫していると、どれもこれもで迷うばかりで、だから情報過多というのは馬券予想に関してはマイナスということも言えるんですよね。

其の八……馬場状態……

馬券推理において、馬場状態はとても重要なファクターであります。

もちろん「良馬場」とか「重馬場」という、天候による基本的な馬場状態の把握も大切ですが、さらに突っ込んで検討すればもっとよく見えてくるものなのです。

つまり、たとえ「良馬場」と発表されていても、芝コースの内側と外側によって、芝の根付きの状態に大きく差があったりする。こういうのがレースの展開に実は大きな影響を及ぼすのであります。不良馬場だから逃げ馬が有利だとか、良馬場だから追い込み馬でも届くとか、シロウトさんは単純に考えがちですが、馬柱ではわからないそんなところにも馬券の秘訣はあったりするのです。

これは各開催競馬場によって違いますが、芝のコースはその週によってAコースとかCコースとか、幅員《ふくいん》（コースの横の幅）が変わってくる。今週は幅員二十五メートルのAコースですよ、来週は幅員二十メートルのBコースですよ、という感じですね。競馬新聞を見ると必ず「今週はAコース使用」というのがどこかに掲載されていますから、忘れずにチェックして下さい。

なぜ毎週のように使用するコースが変わるのかというと、これは芝を保護するためです。レースが何週も続くと、馬が多く殺到する、コースの内側はどうしても痛んできますからね。

まあ基本的なことを申しますと、仮柵を外した週というのは、内側の芝が保護されていたのを開放するわけですから、当然逃げ馬が狙いどころになるというのはやっぱりあると思う。に限らず、つまり逃げ馬っていうのは内ピッタリのいい馬場を回ってくるのがやっぱりいいのであって、それで馬場が荒れてくると内側から荒れてくるから、今度は追い込み馬が有利になってくるっていうそういうことが言えます。

だから例えば東京競馬場の場合で言えば、だいたい例年は、春の四月の開催では逃げ先行馬が粘ることも多々ありますが、その開催が終わって次のオークス、ダービーのあたりになると内側がボロボロになっちゃって、だんだん追い込み馬が有利になるっていうのが今までのパターンなんですよ。

ただどうだろう、最近の競馬で難しいのは、競馬場によって芝生も替わってるからねえ。東京競馬場でもたぶん洋芝を混ぜてるんでしょうね。

だって年を追うごとにどんどん芝生が青くなってくるだろう。昔は冬になると芝生が枯れて黄色くなっていたのが今は一年中青いんだから。そりゃ洋芝の方が寒さにも強くていいということなんだろうけれども、季節感とか情緒という点では寂しいかぎりですね。

まあ、とりあえず、本当は馬場状態うんぬんっていうのは、実際に目で見ないとわからないことです。

だから私がいつも言うのは、できれば指定席に入れって、そういう意味なんですよ。

上から見ないと馬場の状態ってわからないから。内側がいいのか外側がいいのか、どのあたりが禿げていてどのくらい痛んでいるのかってのは。

だからこそ朝一番に指定席に入って、高いところからコースを見渡してみて、当日の馬場状態を自分なりにつかんでおくということが大切です。

仮に指定席に入れなくても、午前中のレースをよく見て、この日は直線で逃げ馬が残っているのか、外から追い込む馬が伸びているのか、そういったことを分析して後半のレースに臨むということも大切ですね。

あとは、その開催の途中で雨が降ったかどうかによっても馬場状態は変わってくるからね。これは微妙な問題だし、馬券予想にも大きく関係してくるだけに難しい。

ただ一般的には、仮柵を外した時にはだいたい逃げ馬有利っていうのはやっぱりセオリーだと思う。それは直線の長い府中でも同じです。

それからもう一つ。昔に比べるとサラブレッドは飛躍的に大きくなっているし、成長しています。全体的に馬っていうのは成長して筋肉が多くなっていくから。やっぱり近代競馬では先に行った馬が有利っていうのは確かだとおもう。この傾向はいよいよ顕著になっていくんじゃないかな、と思います。

其の九………ローカル競馬………

日本の競馬というのは一年を通して行われていますが、それでもファンの間ではその季節によって、シーズンとオフシーズンがあります。

ではいつがオフシーズンかというと、馬は暑さに弱い動物ですから、必然的に〝夏〟ということになります。GIと呼ばれるビッグレースは春と秋に行われますし、夏の間、一流馬といわれる馬たちはレースに出走することはほとんどなく、北海道の牧場等で放牧休養というのが一般的であります。

また、通常、中央競馬のメイン開催は東京・中山・京都・阪神の四競馬場で行われますが、この夏の時期には北海道や福島、新潟、小倉など各地方で開催されます。夏競馬が「ローカル競馬」といわれる所以《ゆえん》でしょうね。

つまりは暑さという敵のある特殊な季節、地方の小回りでなおかつ平坦なコース、この「ローカル競馬」には特有の考え方が必要になってくるのです。

これは余談ですが、新潟の夏って地獄だよな。だって新潟の暑さ、知ってる？　なんでこんなところで夏のローカル競馬をやるんだあ！　っていうくらい暑いですよね。風のないところでさ、パドックも日差しのモロ受けなんですよ。

まあ、はっきり言って夏競馬というのは楽しむものですよね。

私自身も他のシーズンに比べて、勝負度合は少ないです。

馬券の好きな人は義務感みたいなのがあって、売り出してるものは全部買わなきゃ、みたいなところがあるんです。買わなきゃ損するみたいな感じ。本当は買えば買うほど損するんだけどね。

べっとり買ったらそれだけ負けるから、やっぱり「ローカル競馬」においてもレースを選べっていうことは言えるでしょうね。

私も経験あるんですよ。

一レースから後楽園ウインズへ行ってベタベタ買って、結局負けてしまう。そりゃ全部のレースをやりゃ負けますわな。ふと気がつくと隣のオフト後楽園（公営・東京シティ競馬の場外馬券売り場）に行って、大井のトゥインクルの馬券を買っててさ。また負けた。

これはストレス解消にはいいんですけどね。

競馬好きな人間にとってみれば、楽しむってことだけに限定すれば極楽ですよ。まさにパラダイス。一日中、競馬三昧なんですから。

ただそれで儲けようとしちゃダメです。今日は一日遊ぶぞ、ってぐらいの気持ちで楽しんで、それでチャラだったら名人だよ。

ところで私の場合、他の季節と夏とで馬券作戦上大きく違うことというと、夏はパドックをいつにも増して重視します。

やっぱり夏は、暑さのせいかダレてる馬が多いんだよね。

この時期パドックで見ていて、どういう馬をいちばん最初に消すかといったら、「厩務員に引かれてる馬」。まず馬券に絡むことはないです。普段は少なくても夏になると、この「引かれちゃってる馬」が俄然多くなるんですよ。だからそれを馬券の対象からはずすだけで的中確率は全然違うと思う。自分から引っ張って歩いている馬、前に前に推進力のある馬、そういうのがいいですね。

特に夏場っていうのは、パドックで馬の善し悪しがわかりやすい季節だからいい勉強になります。

私もローカルでデカイ万馬券を取ることが多いですよ。九七年の札幌競馬では、パドックでよく見えた三頭で買ったらいちばんいいのが来て、六万馬券を取っちまいました。これでしこたま儲かった思い出があります。

こういうのがあるから夏競馬は面白いんです。ん、ススキノで豪遊？ 当然でしょう（笑）。

あと、ローカルの場合は、明らかにローカルに照準を合わせてきている馬がいるから、前走の結果に惑わされちゃいけないっていうのが私の鉄則。本当の狙いはローカルなんだけど、一度叩いておこうというパターンのやつです。この前惨敗しているし、今回もまだダメだろうという推論は、夏競馬にはまったく成り立たないから注意していただきたいですね。

他では、夏競馬というのはしばしば同じようなメンバーで戦うことが多いですから、競馬新聞を捨てないというのも一つの馬券作戦かもしれませんね。

似たようなメンバーで走ったときの競馬新聞の印をチェックしたり、その時のコメントを読んだりすると、思いがけないヒントが隠されてることがあったりするものです。

「ローカル競馬」は必要以上に馬券で勝負してはいけませんが、競馬はきちんと見ておいた方がいいです。

オープン馬たちの多くが休養に入ることもあって、「オレの馬券も夏場は休みだ」という方も多いと思いますが、これは大間違いです。夏場にサボると、秋開催になった時に、「夏競馬組と休養馬の比較」がわからなくなるから。

秋競馬を勝つためには、実はこの夏競馬こそが大切なんです。

かく言う私も、夏競馬をさぼったばかりに、秋競馬で大負けを喰らった経験があります。

真面目に競馬をやりたい人ほど、この時期をおろそかにしちゃいけない。バリバリ馬券を買う必要もないですが、しっかりと見てデータだけは取っておくことですね。

やっぱり夏を境に妙に成長する馬ってのがいるんですよ。ローカルで急に強くなって、秋になってもなお強かったたっていう馬がいますから、そういう馬を見落とさないためにもしっかりと見ておいた方がいいと思う。

それから昔と違って気を付けなきゃいけないのは、今のローカル競馬は出走頭数がやけに多いことですね。

頭数が多い上に、馬連で全三場の馬券を買うとなると、これはもうほとんど〝あてずっぽ〟になってしまう。それじゃあつまんないし、サイコロを振るのと一緒になってしまいます。馬券で勝負するということは宝くじを買うのとは違うからね。

ということはよっぽど前夜に予習をしておかなくてはならないということでしょうね。そこまでやってやっとストレス解消になるんですよ。前夜に検討しておけば、馬券を買うのもさほど忙しくないしね。まあローカルに限ってはこういう楽しみ方もあるんじゃない？　あくまでも夏のレジャーとして楽しむことですね。

それからローカルとはいえ、やっぱりできるだけ競馬場に足を運ぶことでしょう。今や自分が買う馬券の金額を考えてみたら、福島だろうが新潟だろうが、旅費なんてたかがしれてる。時間だって、あっという間に日帰りで行けるんですから、面倒くさがらずに競馬場に行って馬を見ることだと思います。

福島にしろ新潟にしろ、また北海道にしろ、ローカル競馬というのは、非常にリフレッシュできますよ。人が多くてセコセコした東京と違って、勝っても負けても平常心で競馬ができる。一日に馬券に投資する金額を考えれば、よっぽど競馬場に行った方が心身共によろしい。


私のローカル競馬の思い出っていうと、二十年以上前、昔の新潟は馬券が連単でねえ。若い人は知らないでしょう。

何しろ一日に八レースくらいしかなくて、しかも出走頭数が少なかったのよ。ほとんどのレースが五〜六頭立て。これじゃ全然つまらないわけですよ。

だから昔はローカルといえば馬も休んだし、人も休んだんだよね。馬券買うヤツもみんな休んだ。ローカルになるとホッとしたもんですけどね。

福島に行ってもさ、競馬場よりも飯坂温泉の方がメインでね。競馬そのものよりも、そっちの方が面白くて。よかったよなあ。競馬場へ行ってもガラガラですごくのんびりしていた。新幹線もなくて地元の人ばかりでした。

今はちっともローカルじゃないよね。

　年中、同じように競馬をやってる。油断できないですよ。

　ただあれじゃないかな、気持ちとして正しい楽しみ方というのは、競馬場に行って、でもメインは温泉で、親しい友だちとのんびり競馬をやる、と。そういう友だちって不思議なコミュニケーションができて、いいもんですよ。

　これが最も正しい楽しみ方でしょう。普段、旅に出る時間のない人こそね。


　ところで、ローカルの時期って、競馬場にしろウインズにしろ、何故か〝にわかオヤジ馬券ファン〟が多いと思いませんか？　私は毎年そう思いますよ。

　それも若いファンでなくてオヤジ。

　私が思うに、これは夏のボーナスが出た後、というせいではないでしょうか。

　競馬のにわかファンというのは一目でわかります。変な狂喜の仕方をするし、取ったときの喜び方があか抜けないんですよね。

　でもボーナスが出たからといって競馬場にきて狂喜するオヤジというのは、遠からずいなくなりますから、ローカルの最後の頃になると、客層はまた玄人っぽくなってくる。

　昔よりウインズの存在が身近になったし、ライト感覚で素人の人でも行きやすくなったんでしょう。でも、にわかオヤジファンがボーナスを持って熱くなって来るというのはＪＲＡにとっては思うツボですよね。

逆にこのローカルの時期、若いファンは確かに減ります。みんな田舎に帰るんでしょう。こりゃいかに学生が多いかっていうことだろうな。

でも競馬場に行くと若者が多いんですよ。いいねえ、最近の若者は。男女入り乱れて、競馬場に行ったり、温泉にいったり、しあわせだねえ。

さて、ここから後は余談だと思って読んでいただきましょう。前に述べたことと大きく矛盾する点もあるかもしれません（笑）。

実は九八年の夏は、まさしく夏競馬にどっぷりと浸かってしまったのであります。どういう浸かり方かと申しますと、これは常軌を逸したチャレンジゆえ、普通の方々にはまったくお勧めできないのですが、東京競馬場場外で一日二十七レース購入という暴挙にハマってしまったのでございます。決してマネはしてはいけません。ということをまず最初に申し上げておきましょう（笑）。

福島競馬を十二レース、函館を十二レース、そして阪神の特別を三レース。夏開催では東京場外でこれだけのレースが購入できるようになりました。

私の馬券術の本道から言えば、その中からいかに勝負レースを見つけて突っ込めるか、というのが筋なのですが、夏競馬は常々言っているように、勝負をかけるのが危険な季節であります。

でもレースはきちんと見ておく必要がある。

ならば一度、常人ではマネのできない一日二十七レース購入という暴挙に挑戦してみよう、と思い立ったわけなのです。とまあ、少しは言い訳も混じってはおりますが、要は馬券を買いまくってみたかったんですよ、ハハハ。

初めてチャレンジした土曜日は二十六レース（一レースだけ、前に並んでいたオヤジが鈍《どん》くさくて買えなかったんです。こりゃムカツキましたねえ。やっぱり自動発売機じゃなくて窓口で買うべきです）、翌日曜日はめでたく全二十七レース購入を達成いたしました。

しかしねえ、皆さん。これがどんなに大変なことか。

むやみにカンで買っているわけではありません。全レース、馬体重をチェックしてパドックを一通り見て、おまけにオッズまでチェックして……というのは、午前中でさえハードなのに、特別レースで三場分となると、これはもう目が回りそうになりました。

締切時間は否応なく五分おきにやってくる。

阪神のレースを右目で見ながら、左目で函館のパドックを見てるって感じなんですから。

おまけにどこか一つで発走時間が遅れたりなんかしたら、次のレースが同時スタートになったりして、パニックを通り越して大パニックですよ。

しかしこんな暴挙とはいえ、オッズはともかくとしても馬体重とパドックだけはチェックしないわけにはいきません。

あえて優先順位をつけるなら馬体重、パドック、オッズの順でしょう。

パドックはたとえ一瞬でも見るのと見ないのとでは全然違います。前にも言いましたが、夏場は馬体重の変動も大きく、汗をビッショリかいてる馬だとか、パドックでの見極めがその馬の取捨の決め手になることが多い。厩務員さんに引っ張られているような馬は、明らかに気合いが無くて夏バテといってもいいでしょう。ローカルでパドックを見るというのはいちばんの勉強になる。これは重要です。

しかし一日全レース購入作戦という暴挙を始めてから、どういうわけか馬券の方も絶好調モードになりまして……、大儲けでしたね（笑）。

其の十……最終レース攻略法……

最終レースには微妙な心理が働きます。その日の収支でマイナスが確定していても、どうしても勝って帰りたいものです。これは当然のこと。

三十年の競馬歴を持つ私でさえ、抑えきれない日がないではありません。

最終レースはその日最後のレースということで、ファン心理がオッズに如実に表れるとも言われています。堅いのか荒れるのか、そのうまい見切り方はあるのか、効率のよい狙い方みたいなものはあるのでしょうか。最終レースの攻略法についてお話ししておきましょう。

まず言っておきたいのは、最終レースで競馬は終わらないぞということ。これは原則として心に留め置くこと。

つまり、土曜日の最終レースっていうのは、ちょっと休憩を挟んで日曜日の一レースがあるんだぞ、と。だから、土曜日の最終レースに勝負してお金がなくなったら、日曜日は競馬に来られないぞ、と。

それは日曜日の最終でも同じことなのです。一週間後には次のレースがあるんだよ、という余裕を持った考え方が必要ということですね。

だから、どんなに負けてても、その日の負けを最終レース一発で挽回してやろうとは思わない。それをやると目が曇ります。推理していく過程において、決断の基準となるのがお金しかなくなるから。

ただしね、最終レースの攻略法というのはあります。これは歴然とある。

門外不出の私の最終レース攻略法というのをいくつかお教えしておきましょう。

まず第一、最終レースは荒れるということが原則です。

これはなぜかよくわからないんだけれども、昔からデータ的にそうです。おそらく、例えば万馬券が出る確率というのは最終レースがすごく高いんじゃないかと思う。これは、最終レースが五百万下、九百万下という条件戦の多頭数のレースになって、荒れる条件が揃う場合が多いからです。

条件戦&多頭数&短距離ダート、特に中山の一二〇〇メートル、五百万下ダート戦っていうのは、だいたい中山の最終レースの基本パターンなんだけれども、これはただでさえ荒れるんだから。最終レースじゃなくても、この条件が揃っていれば、もう荒れやすい条件なんだと認識しておいた方がいいですね。

だから、仮に最終レースでどうしてもその日の負けを取り返そうと思っても、本命勝負っていうのは、これは絶対にダメ。本命勝負をやるのであれば他のレースでいくらでもあるから。

最終レースで本命勝負をやるのはかなり馬鹿馬鹿しいです。だって多頭数の荒れやすい条件で、買い目の点数をとことん絞ること自体が危険でしょう。

この本命勝負をよくやるヤツがいるんですよ。特に金を持ってるヤツ。

その日負けてて、最終レースで負け分を全部取り返そうと思って、堅いところ、本命馬券を十万とか買い込むタイプ。これは墓穴を掘るし、下手な買い方だと思います。ダメージも相当にでかいはずです。

しかもこのダメージが翌日に繋がる。

野球でもよくあるでしょう。負け試合でも最後の締めくくりが大切で、無気力な負け方をすると翌日にも悪影響が出て負けちゃう。負け試合でも完封させないで、最後に一点でも返しておくと翌日に繋がる。そういうのって競馬の場合でも確かにあるから。だからこれは、お金のことだけじゃなくてとりあえず最終レースを取るってことをまず考えた方がいいんですよ。

それからもう一つ。最終レースの攻略法で、昔からある門外不出のデータがあります。最終レースはなぜか見習い騎手がくる、というデータ。

これは明らかだと思います。何故かというと、やっぱり今私が言った条件。条件戦&多頭数&短距離ダートっていう、そこへ見習い騎手が出てきた場合に、この二キロ減三キロ減っていう特典がモノを言うんじゃないかと思うんですよ。その見習い騎手がもらっているハンデ、これがモノを言ってるとしか思えない。ともかく、その見習い騎手がよく連対します。

ことに▲（三キロ減の見習い騎手）がよく来ます。

だから私の最終レースの買い方なんてのは、今は勝浦か武士沢が要注意だろうって考え方。ま、これは重要な最終レースのファクターであります。そのへんは頭に入れておかれた方がよろしいかと思います。

昔はいろんなデータがあったんですよ。岡部伝説っていうのがありまして、最終レースは岡部が絡むっていうような伝説もあったんだけれども、実は最近はそうでもない。最近はその神話は崩れたと考えていいでしょう。

あと、GIの日の最終レースはGIに乗っていた騎手は無条件に消しとか、聞いたことはありますが、私はデータ的にはそれはないと思いますね。GIで有力な馬に乗っていると、そこでもう気合いが入っちゃって、その後の最終レースは集中力が欠けているということなのでしょうか。それははっきり言って、ないと思います。

むしろよくあるのは、GIの開催された日の最終レースは万馬券っていうデータ。

以前、オークスの日の最終レースで十何万馬券が出たことがありましたが、実はこういう考え方でもいいんですよ。

最終レースまでにうんと負けていて、どうしても最終レースで取り返したい人は、万馬券しばりで買ってみる。これは馬券の買い方としては邪道ではありますが、ともかくオッズを見て、最終レースに限っては万馬券だけを買う。万馬券を買うってことは点数を十通り買おうが二十通り買おうがいいわけですよ。負けてる人は最終レースに限ってそれをやった方がいいと思う。

というのはこれ、投資金額は少なくてすみますから、ダメージが少ない。

万馬券狙いっていうのは通常、馬券術からいえば考えられないことなんだけれども、最終レースは荒れるというセオリーに基づいていえば、これは一理あるんですよ。これはぜひご参考になさってください。

私もこの万券しばりの方法をやって万馬券を的中させたこともありますよ。何しろ、一日の金を取り返そうってどうしてもお考えになるのでしたら、そのやり方がおすすめです。本命なんかに大金を入れるよりは遥かにいいです。

見ていると確かに最終レースはオッズも割れていますよね。なんでこの組み合わせがこんなにつけるんだ、とかね。そういうのが最終レースのオッズであります。

つまり最終レースというのはそれだけみんなお金を入れてるんですよ。だからオッズが割れる。七レースとか八レースじゃ、みんなそんなに大金は入れませんが、やっぱりメインの後の最終レースっていうのはもう、有り金勝負ってところがあるのでしょう。たぶん、第十レースの特別より、最終レースのほうが売り上げが多いんじゃないでしょうか。

其の十一………ＧＩ攻略法覚え書き………

ＧＩだからといって、別にことさら勝負するレースではない、ということはこれまでさんざん申し上げてまいりました。

ＧＩレースには勝負レースはないと思ってもいい。競馬の、バクチとしてのシステムはどのレースも同じですからね。だからダービーだからって、いつもより何倍もお金を賭けるっていうのは、良くないと思います。

しかし、ファンにとっては注目度という点で欠かせないレースであることは確か。やっぱりショー的な意味からいったら、いちばん興味深くいちばん面白く、スポーツ的に言ってもいちばんのショーですから情報も多いですし、面白いことは面白いよね。

競馬は、面白いっていうのとお金とは別、ということであります。

というわけで、ここでは、浅田流ＧＩワンポイントアドバイスを駆け足でご紹介致しましょう。

春の四歳クラシック。これは難しいんですよねえ。本当はデータうんぬんっていうのが生きないのがクラシックなんですよ。さて。

まずは桜花賞。これは、二月に行われるフェブラリーステークスを除けば、シーズンのいちばん最初に行われるGIレースであります。

四歳牝馬のスピードレース。何しろ電撃的なレースでありますから、必ずしも血統だけってことではなく、勝負のアヤっていうのも非常に関係してきます。一概に血統が万能ではない。阪神の芝一六〇〇メートルという特徴のあるコースで、しかも頭数が多い、ということがあるから、桜花賞の場合は枠順の方が気になるでしょうね。

次に皐月賞。私がいつも注目しているトライアルレースでいうと、皐月賞に対する弥生賞っていうのはあります。それから、暮れの三歳ステークスがGIに格上げになってからは、やっぱりその牡馬牝馬両方の三歳GIレースっていうのは注目しています。

あの、弥生賞というトライアルに重点を置くっていうのはこれは当然のことで、本番と同じコース・同じ距離、で行われるわけですから。

でもトライアルレースは、そのトライアル性、つまり今は昔ほどトライアルの意味ってのはあんまりないと思いますね。昔はトライアルに出た馬がそっくり本番に出て来るってパターンだったんだけれども、今はいろんなルートがありますから。だからローテーション的に言ったら、トライアルを使うよりもいいローテーションをいくらでも組める。必ずしもトライアルがすべてではないっていうことですね。非常に参考になるレースではあるけれども、すべてではない。

皐月賞の場合、これを逃げ切るっていったら、本当にカブラヤオー級の馬じゃなければ難しい。GIレースはみんなそうですけれども、特に四歳のGIクラシックで逃げ切るっていうのはかなり突出的な馬、というふうに私は考えています。

まあ基本的には、桜花賞の場合はすっ飛んで逃げ切りっていうのもありますが、皐月賞の場合は、やっぱり好位を追走して上がりもしっかりした脚を使える馬っていうのが予想の基本でしょう。

えーっとオークス。これはオークスとダービーっていうのは、同じ季節、同じコース、同じ距離で争われるレースで、実は牝馬と牡馬が立て続けに同じコース、同じ距離を走るGIというのはこれしかないんです。

というわけで私はワンセットにして考えるようにしています。オークスとダービーというのは同じようなもんであって、ただ牝馬と牡馬の違いであるというふうにね。やっぱりなんだかんだ言って、オークスとダービーっていうのは、他のGIがどうこう言ったって、馬にとっては最大のレースで、一生に一度しか使えないレースで、だから一年のうちで最大のイベントでございます。

四歳牝馬と牡馬のそれぞれ三つのクラシック。そのそれぞれのレースっていうのは、全部違うんだよ。それもファクターがすべて違う。

だからこれは一連の流れで考えるのはとっても危険であって、そういう点から考えてみても、牡馬の三冠馬、あるいは牝馬の三冠馬というのは偉大な馬なんです。過去の例を取ってみても、この三冠を制した馬、あるいは途中で故障しても無事なら恐らく三冠を制したであろう馬は、突出した強さを持っていたことがわかると思います。

つまり皐月賞で勝ってダービーでも勝つためには、突出感が必要。

そのへんが二レースを続けて考える上で、予想のポイントなのではないでしょうか。

でも勝負はしづらいレースですよね。出走頭数は多いし、みんながガチンコに仕上がってくるレースだし、予想ってのは難しい。

ただし、最大のお祭りですから楽しんでほしいと思います。

さて春の天皇賞。

春の天皇賞というのは、これはダービーとか有馬記念とは別の意味で、実はすごく重たいレースなんですよね。

私だけじゃなく、オールドファンにとっては、おそらく春天というのは古馬のチャンピオン決定戦、いちばん強い馬を決めるレースだったんです。このレースこそがザ・競馬。それくらい非常にステータスの高いレースであります。

昔は天皇賞というのは、一度勝った馬はもう出られなかったわけだしね。

私たちにとって古馬のGIというと、春天と秋天、それに有馬記念と宝塚記念という四つがあったわけです。その中でも有馬記念はお祭りで、宝塚記念は一枚落ちるレースというイメージがあって、天皇賞こそが最強馬決定戦という印象があったんですね。

そして秋の天皇賞が三二〇〇メートルから二〇〇〇メートルに距離変更になった。今となってはそれも正しかったかなとも思いますが、その当時はなぜ？　という気持ちでしたね。だから今は春天こそが三二〇〇メートルという長距離で、完成された古馬が目一杯のガチンコ勝負をする、勝負の中の勝負。

実質的にいちばん強い馬を決めるレースであって、私は春天の勝ち馬が年度代表馬になればいいって思っているくらいです。長距離のGIでは菊花賞というのもありますが、四歳馬の場合は紛れも多いでしょう。

春の天皇賞は格調が高くて、競馬の楽しさを毎年教えてくれるレースだよ。

この春の天皇賞に関して私がいつも考えることというのは馬の「格」。本当に強い馬。春天に関しては、いちばんそれが言えます。

そして春の天皇賞はその年その年によってぜんぜん違います。これはその年のトップクラスの馬がガチンコで揃ってくるレースですから。

さて、オープン馬の中にはGⅠ級の馬、GⅡ級の馬、GⅢ級の馬っていうのがいるんです。まあ、そんなGⅢ級の馬はあまり出てこないかもしれませんが、GⅡ級の馬は出てくる。

それは実は、条件戦でいうところのワンランクくらい違うんですよ。だからそれは五百万下条件クラスの馬が九百万下のレースに出てきても全然かなわないのと同じように、やっぱりGⅡ級の馬がGⅠに出てきてもかなわない。これは特に天皇賞の場合は顕著だと思いますね。

ですからGⅡで勝ってる馬よりもGⅠで負けてる馬の方が強い、というような「格」の考え方が、天皇賞においては極めて重要だと私は思います。

GⅠを勝つに相応しい馬の格。そういうふうに考えていくと、かなりの馬が消せるはずです。穴をあけるタイプというのは、GⅠレースで負けてる馬でしょうね。

血統？　そりゃ距離が距離、ともかく三二〇〇メートルっていうのは最長距離のGⅠですから、やっぱり血統は関係ありますよ。血統は、桜花賞なんかよりも春天の方が圧倒的に関係があると思います。

昔は長い距離を勝つ馬がいちばん強い馬だったんですよ。短い距離でしか走れない馬っていうのはおまけだった。でも今は距離体系がしっかりして、短距離路線のGIもいっぱいできて、それぞれの馬が自分にあったGIを選べるようになりましたよね。

あとはNHKマイルカップ。これはまだちょっと新しくて何とも言えないレースで、今後競馬会が外国産馬というものをどのように扱っていくかによって、また性格が変わっちゃうのではないでしょうか。

実質的に今、ダービーに外国産馬が出られなくてマイルカップには出られる、というのは少し矛盾しています。ということは、今はご存じのとおり、外国産馬に強い馬がいっぱいいるわけだから、そうすると真のNO．1はこっちのレース、というような考え方が出てきてしまう。

ただこの形っていうのは続くわけはないですから、恐らくその出走条件によってこのレースのあり方はまるで変わってくるはずです。

そういう意味で過渡期のGIだね。だから現状では、必ずしもマイル戦に適した馬が出てくるとは限らないし、ホントだったらダービーに出たいんだけど、っていう馬だってマイルカップに出てくるわけだから、これもあんまり血統的背景というのは万能ではないでしょうね。その時点でのスピード能力と完成度ということでしょう。

高松宮記念。これは距離というよりもむしろ中京競馬場ということの方が重要なファクターだと思います。

なぜならば中京競馬場というのは、どういうわけか特殊な競馬場で、中京が明らかに得意な馬っていうのがいるんだよね。この明らかに中京が得意な馬というのが、恐らく高松宮記念の毎年の重要なファクターでしょう。

中京向きか否か。それは直線が短い、狭い、小回り、左回り、というようないろんな条件があって、中京競馬場はとても特殊な競馬場です。

安田記念。この安田記念というレース、今は国際レースでしょう。

春のマイルのGIを国際レースにしてほしくはないんですけどね。外国馬を出走させて、かえって予想を難しくさせるようなことはしてほしくないんですが、恐らく安田記念というのは、季節的にいってもこれからどんどん外国の馬がやって来るでしょう。

見ごたえのある、いいレースではあります。

ただ私は、外国の馬が出走することで、もちろんいつも勝負はしません。外国の馬が混合して走るっていうことは、やっぱり一種のショーですよ。

私も外国の競馬に行ってわかったんですが、外国の競馬と日本の競馬っていうのはそもそも考え方も違うし、実体が違うわけ。だからこれは、違う動物が一緒に走ってるようなもので、それに対して自分のお金を投資する気にはなれません。ましてや誰も見たことのない外国の馬が来るんだからさ。

それに対して強いか弱いかって考えて、お金を賭けて勝負するっていうのは私はあんまり好きじゃありません。だから外国の馬がぞろぞろと出てきたときには、お金は賭けてはならない。外国馬が何頭も出てくるようなら、春のＧⅠの中でもっとも勝負しちゃいけないレースですね。

だってその外国の馬の強い弱いにかかわらずオッズが変わるんだから、ちょっと買えないよ。自分で本当にその外国馬のことをわかってるんじゃないんですから。

宝塚記念っていうのは、これは一応春のグランプリ。

昔はね、一年の総決算のグランプリ・有馬記念を中山競馬場でやり、上半期の春のグランプリを阪神でやるというような形だったんですけれども、どうもこの宝塚記念って、最近影が薄いんだよ。

いろんな試行錯誤もあるようだけれども、日程の関係で七月にずれ込むってことは、やっぱり猛烈に暑くなります。強い馬が北海道の牧場に放牧に行っちゃったりする季節に、宝塚記念をここでやるというのは、実質的にグランプリではないですね。

グランプリという言い方は宝塚記念にはあんまり相応しくない。

予想も難しいですよね。四歳馬なんかも出てきたりして、ゴチャゴチャになるから。古馬にしてもこれが最大目標なのかどうか、何でもありって感じで予想は難しい。面白いといえば面白いんだけどさ。


さて、秋には異色のＧＩとしてジャパンカップがあります。

ジャパンカップっていうのは一応世界的に認められた国際ＧＩでありますが、来日する外国馬はすべてアゴアシ付きのご招待。ここが安田記念とは大きく違う点であります。

しかしまあ国際レースが増えちゃって、あれで勝負するっていうのは邪道だよ。

国際招待レースっていうのはレースであっても、ゲームではない。

だからあのレースに対して命の次に大事なお金を、海の向こうの馬体重も公開されてないような馬に、大金を賭けて勝負するなんてやめた方がいいです。

例えばその日、競馬場に行って、私も雰囲気に流されて馬券を買っちゃうんだけどさ、ジャパンカップは普通のレースと比べて、非常に不安定な要素の多いレースだということを承知しておいた方がいいんじゃないかと思いますよ。

いつもよりなお一層のこと、財布のヒモを締めてかかるのがジャパンカップだと思う。まあ、それでもレースの面白さを堪能することはできるから、あれは見て楽しむレースであって、馬券を買うレースじゃないことは確かだよ。これは言えますな。

あとジャパンカップの場合は特に不確定な情報が多くて、外国馬についてはいろんな情報が入ってくるでしょう。本当はコイツが強いとか、その錯綜する情報のどれを信じていいかなんてわからないですから、JCっていうのはあんまり真剣に考えても意味はないと思う。

まあ、ジャパンカップに関しては、お祭り、ですね。


最後に、暮れの大一番・有馬記念について。

有馬記念というと毎年、四歳VS古馬の世代比較が言われますね。

でもね、基本的な考え方としては、これは有馬記念の常識でもあるんだけれども、やっぱり四歳馬よりも古馬の方が強いんじゃないか、ということでしょうね。

つまり今までの競馬のセオリーからいくと、秋のレースっていうのは、条件戦に関しては四歳馬の方に分があるが、オープン戦は古馬の方が強いというのが常識。

これはやっぱり頭に入れておいた方がいいと思います。

四歳馬っていうのは成長が著しくて、未知の魅力に溢れていますよね。それに、クラシック戦線を歩んできて、とってもファンを沸かせた四歳馬たちなんだよね。一流の古馬と初対決するとなると、ファンは新たなスターホースを求めるということもあるのでしょう。だから実際の競馬になれば四歳馬が人気を集めるかもしれない。

それでも、四歳馬の方が人気になるというその比較を考えてみた場合に、私は従来の古馬予想の形でいく方が馬券的にも有利だと思います。

ところで有馬記念というレースに対する評価って、人によっていろいろ分かれると思うんです。

天皇賞はガチンコ勝負、有馬記念はお祭りって昔からよく言うんですが、パドックでの馬の作り方を見ると、私にはそうとは思えない。

これは、有馬記念というのはローテーション的にいって、そのあとにレースが控えていないということもあるかもしれない。だけど少なくともパドックを見た限りではどの馬もすごいよ。

ムードでもなんでもなく、有馬記念のパドックというのはGIレースの中で最高のものだと思う。ギリギリに仕上がっていて、まずプラス体重というのが少ない。ほとんどがマイナス体重。気合は乗ってるしね。

あれを見ると、JRAはどう考えているのかわからないけれども、少なくとも馬主サイド、厩舎サイドでは、有馬記念というのはガチンコ勝負、だと私は思いますね。

それと、有馬記念というのはコース、距離等の条件を考えてみてももっとも駆け引きがあって、いろんな展開が考えられて、だからそういう意味でゲームとしての見ごたえがあるよね。

競馬の面白さを堪能させてくれるいいレースだと思うよ。

だから私は有馬記念というレースは好きなんですよ。秋天より好きですね。道中の出入りがあって、ドキドキする。みんながそれぞれの駆け引きをしながらレースをするっていうのがものすごく楽しいですね。

それから、ちょっと話は逸れますが、特にGIの場合っていうのは、これはちょっと裏読みなんだけれども、近頃のGIレースを見てて思うに、そのレースを盛り上げるために出てくる馬って、あると思うんだよ。

これは高松宮杯に出走したナリタブライアンでもはっきりわかる。

その馬が出たことによって、ものすごくそのレースの値打ちが上がるとか、現実的に売り上げが全然違うっていうのがありますよね。そうは思いませんか。

九六年の有馬記念だって、ナリタブライアンが出るか出ないかで売り上げが百億円くらい違ったことでしょう。

これはどうしても出てもらわなきゃならないし、閉鎖社会のしくみとして、出ざるをえない。つまり競馬は興行であるっていうことを忘れちゃいけない、ということが言いたいわけです。

競馬はスポーツではない。競馬は興行である。こう考えた時にナリタブライアンは出ざるをえなかった。ここ数年のＪＲＡの動き方っていうのを見ると、どうも興行性が強いような気がします。露骨に出てきている。

で、有馬記念なんかもそういう目で見てみると、無理して出る必要もないのにどうして出てくるんだろうっていう馬がいるかもしれないですよ。

裏読みすぎますかねえ。

最後にもう一つ、余談ですが、有馬記念を行う日を定めてしまうというのはどうでしょうか。

九七年は有馬記念が十二月二十一日に終わってしまって、ちょっと淋しかったですよね。だいたいみんなクリスマスを過ぎれば暇になるんだから、有馬記念は毎年必ず大晦日にやるなんて面白いんじゃないですか？

競馬を必ずきっちり土、日、土、日とやっていくっていうのは、ホントに日本人的な発想だと思う。唯一あれかな、金杯だけが一月五日って決まってるんですよね。だから、昔は春の天皇賞っていうのは四月二十九日に必ずやってたんだけれども、ああいうのをやればいいと思うよね。馬はいくらでもいるんだし、国民の祝日って決まってるわけだから、祝日競馬で重賞も必ずやって、という、そういうやり方をした方がいいんじゃないでしょうか。これは理にかなってると思うよ。

ダービーとか天皇賞と有馬記念くらいは決まってた方がいいような気がしますよね。

終章

競馬と人生

他のバクチと比べて競馬の素晴らしいところ。

じっくり考えられるということ。それにつきるんじゃないかな。

私も他のバクチのことはよくわからないけれども、競馬は恐らく一週間考えていられる。

それだけの情報が入ってくるでしょう。

恐らく競輪や競艇だったら一週間、常に情報が入ってくるというわけではないと思うんだよ。

競馬っていうのは調教から何から、レースの反省やら予想やら、一週間ずっと考えていられる。これは素晴らしい魅力だと思います。

まさに競馬は熟慮型のギャンブルですね。

そういう意味では麻雀とすごく対照的です。麻雀は待ってくれないから。

だから同じギャンブルでも、麻雀が上手い＝競馬が上手いとは言えない。麻雀で使う脳みそと競馬で使う脳みそは明らかに違います。麻雀というのは瞬間的な判断力、要するにシャープなヤツに向いているギャンブルです。

競馬にシャープさは全く必要ない。競馬はじっくりと、あらゆるファクターを考える熟慮型の人間に向いている。

だから両方をやってる人の中にも、麻雀はヘボだけど競馬は上手いという人が必ずいると思いますよ。

私もある意味ではそうかもしれません。麻雀も自分では上手いと思うけれども、勝っているかと聞かれるとそうとも言えない。あるレベルの人たちとやると、なぜか負けるっていうことも多いですから。

これは余談ですが、作家の中には麻雀の上手い人、多いんですよ。

今後の競馬ライフ。楽しみたいんだよなあ。本当は仕事を全部辞めて、競馬を思いっきり楽しみたい。やめる気はないです。やめる気はないですけど、ボクの競馬を返して、とちょっと言いたい。

自分で言うのもなんですが、私は、こと競馬に関してはひとかたならぬ情熱がありますよ。

競馬っていうのは、当てずっぽうでやるほどつまらない。やっぱり考えるゲームだから、いちばん面白い競馬の楽しみ方というのは、推理をして、犯人探しをして、で、真犯人はコレだったたっていう考え方ですね。

だからスポーツみたいに、どれが強いどれが弱いっていう考え方よりも、やっぱり推理小説を読み解くような考え方がいちばん面白いんです。

例えばある人気薄の穴馬がいて、昔はけっこう強かった、話題の馬だった、もしかしたら本当は強いんじゃないかというような、様々な疑惑が常につきまとっていて、それでも凡走しちゃったりするんだけれども、見事にズバリと解き明かしたときの満足感は最高ですよ。

勝とうが負けようが、競馬は出世を遅らせます。

競馬はすごく時間を食うものであるから、多少の出世を遅らせるというのは覚悟しておきなさい。まあ、それを言うなら他の娯楽でも何でも同じだから……という但し書きつきなんですけどね。

競馬っていうのは間違いなく快楽の部分だよ。決して仕事の部分じゃない。

だから競馬でどんなことを学べるかって言ったら、そりゃ微々たるもんですよ。だから遊びの部分として消化しなければダメ。何を求めようって、求めるものはカネでしょう。

競馬から教わったこと？

考えることかな。とにかく考えれば何とかなる。

カンだとかインスピレーションで、何かをやっても、それは結局、たとえ当たったにしろまぐれ当たりにすぎない。

だから、それは実は人生すべてに言えること。

カンとかインスピレーションでやっても、うまくいくこともあるかもしれないけれども、それはまぐれ当たりであって、その人の実力にはならない。

かえってマイナスというものが出てくる。

次も同じようにやって今度はダメになる。

だから努力の積み重ねでよく考えて検討するということについては、これははっきりとその人間の実力ですよ。これは言えると思う。

もちろん、競馬においてもカンとかインスピレーションが全然ないわけじゃない。馬券というのは最終的にはそういうもので決断をする面も確かにある。

でもその根底にあるものっていうのは、知識と努力。

そういうものがあった上で初めて、これだな、というカンがひらめく。そういうものの考え方っていうのは、人生すべてに共通するんじゃないでしょうか。

競馬は中途半端じゃダメ。

マジメにやりなさいよ、と若い人には言っておいて下さい。いい加減にやるんだったら、世の中にはもっと面白いものは山ほどあります。同じだけお金を使うにしても、世の中いくらでも面白いことがあります。

勝って初めて、競馬をやって良かったなって言えるんです。

競馬が好きだ好きだって言いながら、負ける競馬はただの苦労だよ。勝って初めて面白いんだから。

払い戻しの窓口に並んでいるときの、幸福を分かち合う奇妙な連帯感。あの時って、やたらと知らない人と話をするだろう。あの歓喜っていうのは、世の中、まずないよ。知らないオヤジだろうが、知らないババアだろうが、誰でも構わず「ほら、やっぱりそうだろ！」っていうような、あれ。あの連帯感は他では得られない。

そのくらい当たった競馬っていうのは、嬉しいんだよ。あの充足感のためだけに行ってるんだから。負けるために、悔しがるために行ってるわけじゃないんだから。

負けてもなお面白い競馬なんてあるはずは、ない。

解説

藤代三郎

某週刊誌で1年間、浅田さんと一緒に毎週交代で予想をしていたことがある。その打合せで初めてお会いしたとき、この前府中でお見かけしましたと言うと、今度は声をかけてくださいよと言われた。それからしばらくして朝から雪が降った日、徹夜明けの状態で何も考えずにふらふらと朝8時に府中場外に行くと、雪のために第1レースの発走は昼との発表。そうか、雪が降っていたんだと改めて気がついたが、そんな日に朝から府中に来るなんて我ながら物好きだよなと思いながらS席に入ると浅田さんがいた。

競馬をご存じない方のために少し説明しておくと、中山競馬場でレースが行われるとき、東京競馬場は巨大な場外馬券場となり、メモリアル60という立派なスタンドの5～6階にあるS席が1000円で開放される。東京競馬場でレースが行われるときは3500円の指定席である。中山で開催されるときに府中に行っても馬は走っていないから、そのぶんだけ割引になるわけだ。このS席は机にテレビがついていて、椅子も立派で疲れない。しかも一般客は入ってこられない指定席エリアであるからどんな大レースの締切り直前でも楽に馬券が買えるというメリットがある。しかし、目の前で馬が走っていないのだから、そういうところに朝早くから来るのはやはり物好きといっていい。しかも第1レースの発走は10時ですよ。それなのに、S席に入れる人数には制限があるから8時に行くのだ。バカとしか言いようがない。私はしょっちゅう行くんですけど。さらにその日は朝から雪が降っていて、競馬が中止になるかもしれないという状況である。私は徹夜明けでぼーっとしていたから、開催中止のことなどまるで考えず、ふらふらと府中に行ってしまったが、そういう日であるから、まさか中で知人に会うとは思ってもいない。ああ、この人は本当に競馬が好きなんだなと思った。それが浅田さんへの第一印象である。その日、浅田さんは最終レースで大穴を当て、帰りに府中競馬正門前駅の横にある一膳飯やでおごってもらった。作家浅田次郎が『地下鉄に乗って』で吉川英治文学新人賞を受賞する前の週のことである。だから、あれは1995年だ。

それから2年間、ほとんど毎週のように府中で会った。私は指定席党なので、府中で開催されるときは毎週朝早くから駆けつけて、指定席の列に並ぶことにしている。私の競馬仲間は7～8人いて、毎週のように誰かが入れ代わりやってくるのだが、私らが並んでいると必ず浅田さんもやってくる。で、「どうぞどうぞ」「いいの」と一緒に並ぶことになるのだ。待ち合わせたわけではない。指定席に入るとなると、だいたい同じ時間に競馬場にやってくるから、そしていつも私らのほうがほんの少し早いので、いい席に入るためには私らと一緒に並んだほうが効率がいいのである。

知り合いと一緒に競馬場に行くといっても、いろいろなかたちがあり、それぞれが勝手に馬券を買って、レース観戦のときだけ決めた場所で落ち合うというグループもいたりするが、指定席党はちょっと異なる。指定席というのは並んで座るわけなので、朝から最終レースまでずっと一緒なのだ。だから、レースの合間とか、昼休みとか、あるいは外で満席になるのを待っている間とか、自然に会話を交わすことになる。その大半は次週の展望とか、先週の反省とか、3年前のアルゼンチン共和国杯の3着馬は何かとか、くだらないと言えばくだらないのだが、それがまた楽しい。それに、競馬を同じように楽しんでいる人でないとこういう会話は成立しないので、結構重要なファクターといっていい。浅田さんは古い競馬ファンなので、知識も豊富だし、なによりギャンブラーだから、話が合う。

浅田さんの馬券の買い方は本書でも買いているが、本線と押さえを明確にして、濃淡をつけるのが特徴だ。本線が来れば数十万という馬券を朝から平気で買ったりするから、他人の馬券とはいえ、スリリングである。

思い出すままに書いていく。エアグルーヴが勝ったオークスだから、あれは1996年だ。その前日、浅田さんと府中でたっぷりと楽しみ、最終レースが終わったあとに翌日分のA指定の列に一緒に並んだのだが(当時は前日に翌日のGⅠが満席になることが多かった)、今から思えばそのころからブームの陰りがあったのか、列に並ぶ人の数は全然増えず、1時間ほど待ってから仕方がないので帰ることになった。こうなれば現場観戦は諦めざるを得ず、私は翌日、PATで馬券を買うつもりでいた。すると浅田さんが「明日、7時に待ち合わせようよ」と言うのだ。えっと思った。翌日の朝7時で満席になっていないという保証はないのだ。それに翌日の分を並ぼうぜとせっかく高揚した気分が満席にならずに一度しぼんでしまったという事情もある。私は移り気なので、すぐ気分が変わってしまうのだが、浅田さんは諦めない。仕方なく翌日朝7時に待ち合わせることにしたが、そのオークス当日、7時に現地に到着するとすごい混雑で、あわててC指定の列に駆けていくと、後ろのほうで浅田さんが「早く早く」と手を振っている。私が浅田さんのところに走り込んだのは、整理券を配付している係員がその数人前のところまで来たときで、あやうくセーフ。7時集合という計画はどんぴしゃりであったのである。その年のオークスで自分がどの馬券を買ったのか、実はよく覚えていない。その馬券のことよりも、前日にA指定の列に並んだこと、当日の朝7時に待ち合わせたこと、駆けていくと浅田さんが手を振っていたことなど、そういう光景ばかりが蘇《よみがえ》ってくる。

そういえば、土曜日の朝、いつものように浅田さんが現れず、どうしたのかなと思っていたら昼近くになってから真っ赤な目で競馬場に来たことがあった。どうしたんですかと尋ねると、たったいままで印刷所で出張校正をしていたという。そのまま徹夜明けの状態で競馬場に来たわけだ。そのときはふーんと思っただけであったが、あとで考えてみるとそれは『蒼穹の昴』の下版明けの日であった。あの大作の校正がようやく終わった日なのである。何もそういう日に競馬場に来ることはあるまい。競馬は日曜もやっているんだから、土曜日は家に帰ってぐっすり睡眠を取り、日曜に来ればいいではないか。にもかかわらず、この人は真っ直ぐ競馬場に来てしまうのである。本当にこの人は競馬が好きなんだなと思った。

『鉄道員』で1997年の上半期の直木賞を受賞してから一時期、浅田さんの姿を競馬場で見なくなった。その年の秋に競馬場で久しぶりに会うと、受賞後の半年間で競馬場に来るのはこれで三度目だという。そのうちの一度はフランスで、一度はどこだったか忘れてしまったが、おお、スケールが違うと驚いたことを覚えている。それからはもう外で一緒に並ぶこともなく、競馬場の中で時々お会いする関係になったが、これがまたよく会うのだ。札幌でも会ったし、新潟でも会った。福島駅のホームでぐったり座っていると「あれ、来てたの?」と浅田さんに声をかけられたこともある。夏競馬は、福島なら七夕賞かラジオたんぱ賞、新潟なら関谷記念か新潟記念、札幌なら札幌記念と、だいたい観に行くレースが同じなので、このように旅先でよく会う。

エアグルーヴの引退レースとなった有馬記念だから、あれは1998年の暮れだ。その有馬記念の前日、中山競馬場のA指定の穴場で馬券を買っていると「おはようございます」と後ろから声をかけられ、振り向くと浅田さんがいた。えっ、と驚いた。翌日の有馬記念の日ならともかく、超多忙に違いない浅田さんが土曜日の午前中から中山競馬場にいるとは思ってもいなかったのである。思わず「好きですねえ」と言ってしまった。本書の中でも、朝から競馬場に行ってその日の流れを知ることは重要だということが書かれているが、どんなに忙しくなってもこの人はそれを実践しているのである。ホント、偉いと思う。

思い出話ばかりになってしまったが、本書はそういうふうに身銭を切って毎週現場で格闘している古い競馬ファンの本音がつまった書である。いま競馬を楽しんでいる人、これから競馬をやってみようと思う人、すべての人に参考になるに違いない。

——競馬評論家

この作品は一九九九年一月マガジン・マガジンより刊行されたものです。

幻冬舎アウトロー文庫

●最新刊
地上げ屋　突破者それから
宮崎　学

一九八七年秋、私は東京の神田神保町の廃業した映画館・東洋キネマ跡地の地上げに狂奔していた。騙し騙され、数百億の札束が動く「バブル」という時代に呑まれて……。待望の『突破者』続編！

●好評既刊
突破者　戦後史の陰を駆け抜けた50年　(上)(下)
宮崎　学

ヤクザの組長の息子として生まれ、学生運動に身を投じ、雑誌記者を経て全国指名手配……。グリコ・森永事件で犯人「キツネ目の男」に擬された男が、波瀾万丈の半生を記したベストセラー自伝。

●好評既刊
突破者の条件
宮崎　学

グリコ・森永事件で「キツネ目の男」と擬された著者が、末期的な現代日本の病巣を一刀両断！豊富な修羅場の経験から、あらゆる危機を突破する「アウトローの生き方」を伝授する前代未聞の書。

●好評既刊
不《ふ》逞《てい》者《もの》
宮崎　学

戦中、兵隊ヤクザとして名を馳せた〈愚連隊の神様〉万年東一、非転向政治犯を最後まで貫いた〈在日の星〉金天海——昭和の裏面史を飾る伝説の両雄に熱いエールを送る傑作ノンフィクション！

●好評既刊
突破者列伝
宮崎　学

「私の周囲には前科者たちがごろごろしていた。彼らは生きんがために悪と知りつつ法を破っていた」——激烈な時代を駆け抜けたアウトローたちの愚直で真摯な生き様とは？　体験的人生論！

GENTOSHA OUTLAW BUNKO

競馬《けいば》どんぶり

浅田次郎《あさだじろう》

平成12年12月25日　初版発行
令和2年4月30日　11版発行
発行人――石原正康
編集人――菊地朱雅子
発行所――株式会社幻冬舎
〒151-0051東京都渋谷区千駄ヶ谷4-9-7
電話　03(5411)6222(営業)
03(5411)6211(編集)
振替00120-8-767643
印刷・製本―凸版印刷株式会社
装丁者――高橋雅之

幻冬舎アウトロー文庫

ISBN4-344-40050-X　C0195　O-1-5

幻冬舎ホームページアドレス　https://www.gentosha.co.jp/
この本に関するご意見・ご感想をメールでお寄せいただく場合は、
comment@gentosha.co.jpまで。